China
Das Land und seine Bewohner

China
Das Land und seine Bewohner

aus dem Englischen übersetzt
von
Friedrich Gerstäcker

Herausgegeben
von
Siegfried Augustin

RONACHER-VERLAG · MÜNCHEN

Dieses Buch ist unserem
‚Lesekönig' Stefan gewidmet

© 1985 by Ronacher-Verlag, München
Printed in Germany
Lektorat: H. + H. Mörth
Gesamtherstellung: Offsetdruck Ronacher
Illustrationen von Allanson

ISBN 3-923191-08-1

Einleitung

Den Namen des Reise- und Abenteuerschriftstellers Friedrich Gerstäcker im Zusammenhang mit China zu lesen, wird sicher auf Verwunderung stoßen. Denn obwohl Gerstäcker, vielleicht mit Ausnahme von Herzog Paul von Württemberg, der am weitesten herumgekommene deutsche Weltenbummler war, das Reich der Mitte hat er nie bereist. Daß es jedoch nicht an mangelndem Interesse lag, zeigt ein Blick in seine Biographie und in sein Werk.
1872 plante der Prinz von Coburg-Coharry eine Asienreise, die ihn nach Indien, China und Japan führen und auf der ihn Gerstäcker begleiten sollte. Der Abreisetermin nach Triest war schon fixiert, Gerstäcker steckte schon in den Reisevorbereitungen — da ereilte ihn in der Nacht vom 30. auf 31. Mai 1872 der Tod.
Gerstäckers schriftstellerische Beschäftigung mit dem Thema China wirft ein bezeichnendes Licht auf seine Arbeitsweise. Er besaß nicht die blühende Phantasie eines Karl May oder Jules Verne, die in ihren Schilderungen ferner Länder mühelos den Eindruck zu erwecken vermochten, selbst dort gewesen zu sein. Gerstäcker fühlte sich am wohlsten, wenn er erfundene, aber realistische Handlungen vor einem Hintergrund spielen lassen konnte, der ihm aus eigener Anschauung vertraut war.
Doch Gerstäcker lebte letztlich von der Schriftstellerei und mußte sich an der verlegerischen Nachfrage orientieren. So verfaßte er für den Verlag Georg Wigand das 1846 erschienene, sechsbändige Familienbuch „Reisen um die Welt". Der sechste Band ist fast ausschließlich der Beschreibung von Land und Leuten Chinas gewidmet. Natürlich mußte er sich bei der Abfassung dieses Buches auf zeitgenössische Reisebeschreibungen stützen. Möglicherweise waren es Werke, die er für seine 1847 in der „Illustrirten Jugend-Zeitung" erschienene längere Abhandlung über China heranzog.

China war in den vierziger Jahren des vorigen Jahrhunderts durch den Opiumkrieg mit England (1840 - 42) und durch die nachfolgenden „Ungleichen Verträge" mit England, USA, Frankreich und Belgien in den Blickpunkt des Interesses gerückt. Zudem wurde das alte Kaiserreich durch Revolten der Bauern erschüttert. Verständlich, daß die Verleger und Redakteure ihren Kunden etwas über China bieten wollten.
„Bearb. n. versch. Schriften" vermerkte Gerstäcker in seinem eigenhändigen Werksverzeichnis. Es gab damals hauptsächlich englische Literatur über Ostasien. Da Gerstäcker durch seinen Amerika-Aufenthalt das Englische fließend beherrschte, fertigte er für die diesmal im Verlag Otto Wigand veröffentlichte China-Abhandlung Übersetzungen der ihm am wichtigsten erscheinenden Texte an und bearbeitete sie für jugendliche Leser. Trotzdem sind seine Ausführungen äußerst detailliert und enthalten vieles, was auch Erwachsene interessieren konnte. Es war Gerstäckers erstes unmittelbar für Jugendliche geschriebenes Werk und steht am Anfang einer stattlichen Reihe derartiger Werke. Sie umfassen Kindergedichte und Fabeln — etwa in der bei C.C. Meinhold in Dresden erschienenen „Kinderlaube" — ebenso wie Märchen („Die Entstehung des Christbaums") und Berichte über exotische Länder („Die Welt im Kleinen für die kleine Welt").

Doch das Interesse, das das vorliegende Buch verdient, liegt nicht allein in der Mitwirkung Gerstäckers begründet. Es liegt auch — und vor allem — in dem darin vermittelten China-Bild der vierziger Jahre des 19. Jahrhunderts. Natürlich ist dieses Bild aus der Perspektive englischer Reisender gezeichnet, es enthält aber eine Fülle kulturhistorisch hochinteressanter Beobachtungen. Wenngleich manche Interpretation chinesischer Sitten und Gebräuche den heutigen Leser schmunzeln läßt, und manche Prognose sich nicht erfüllt hat, so wurde trotzdem auf eine Bearbeitung des Textes verzichtet, um das Kolorit des Originals nicht zu zerstören. Lediglich die Rechtschreibung wurde dem heutigen Stand angepaßt; bisweilen wurden kleine stilistische Bereinigungen vorgenommen. Die Schreibweise chinesischer Namen und Begriffe wurde beibehalten.

Mag das China-Bild, das Gerstäcker mit Hilfe englischer Autoren und eines englischen Illustrators vermittelt, auch an einigen Stellen korrekturbedürftig sein, so strahlt es doch den Zauber eines alten Stiches aus, der dem Betrachter Freude bereitet, auch wenn es heute keine Postkutschen und Mühlen am Bach gibt. Doch auch wenn heute schon jede Kleinstadt ihr China-Restaurant hat, wer von den Gästen wäre nicht froh, wenn er soviel über China wüßte wie die Leser der „Illustrirten Jugend-Zeitung" des Jahres 1847?

München, im Juli 1985   Siegfried Augustin

Erstes Kapitel

Das ganze chinesische Kaiserreich nimmt nach allgemeinen Berichten einen Raum von fünf Millionen englischen Quadratmeilen ein, ja China allein umfaßt über viertausend mit Mauern umgebene Städte, nach dem Berichte natürlich, welchen Ausländer bis jetzt imstande waren zu erhalten. Mit allen diesen nun vertraut zu sein, wäre, wie wohl jeder einsehen wird, ein Ding der Unmöglichkeit, doch ist jetzt wenigstens der Eintritt in das ungeheure Reich gesichert und manches davon bekannt geworden, was noch vor wenigen Jahren dem fremden Auge in undurchdringliches Dunkel gehüllt blieb. Ich will nun hier soweit als möglich versuchen, nicht einen Überblick des Landes zu geben, dazu wäre bis jetzt noch kein Europäer imstande, aber euch doch wenigstens mit dem bekannt und vertraut zu machen, was überhaupt bis jetzt ein Fremder gesehen. Dabei werde ich mich streng an die Wahrheit halten und weder die Zöpfe der chinesischen Gentlemen einen Zoll länger, noch die Füße der Ladies einen Zoll kürzer schildern als sie wirklich sind. Auch sollen der Palast von Peking, der Porzellanturm von Nanking und die Stadt der Boote bei Kanton an ihrer Stelle beschrieben, und weder die Höhe eines Berges, noch die Größe eines Flusses übertrieben werden, so daß der, der China kennt, mir zugestehen wird: ich habe wahr beschrieben, während der, der es nicht kennt, imstande sein wird, etwas Nützliches aus der Schilderung zu lernen, was in unsern Zeiten, da China mit jedem Tag mehr an Bedeutung gewinnt, fast ebenso nötig wie nützlich ist.
Als kurze Vorbemerkung möchte ich übrigens noch etwas berichten, was manche zu einem Irrtum verleitet, die das chinesische Reich und China miteinander verwechseln. Das letztere ist nur ein Teil des ersteren, welches China, die chinesische Tatarei und Tibet umfaßt, oder noch bestimmter in China, Mandschurei, Dsungarei, die kleine Bucharei, die Mongolei und die Halbinsel Korea eingeteilt werden kann. Wenn man jedoch vom chinesischen Reich spricht, so wird gewöhnlich nur das eigentliche China darunter verstanden.
Doch wir wollen uns jetzt nach China aufmachen. Um dorthin zu gelangen, gibt es allerdings vier Wege; den einen über Land nach Indien, den andern den atlantischen Ozean hinunter, und dann entweder um das Kap der Guten Hoffnung in Afrika oder das Kap Hoorn um Amerika herum, den vierten, aber auf jeden Fall den bequemsten, müssen wir zusammen einschlagen und der schießt im Gedankenflug die Bahn dahin, die sonst der Körper mit Mühe und Anstrengung nur verfolgen kann.
Fröhlich befinden wir uns jetzt an Bord des wackern Segelschiffs, das mit geschwellter Leinwand über die grünen Wasser des Kanals tanzend dahingleitet. Die letzten Landstreifen bleiben hinter uns, immer dunkler, im-

mer blauer wird das kristallreine Wasser. Einzelne unsrer Mitpassagiere werden auch bleich und hohläugig, sie gehen mit ellenlangen Gesichtern an Deck herum, oder liegen wohl gar in allen Winkeln zerstreut umher und wünschen sich an jeden andern Ort hin, nur nicht aufs Wasser. Das sind die Seekranken, doch die kümmern uns wenig; mit eingerefften Segeln kreuzen wir das biscayische Meer und landen in den stillen Buchten der Kanaren, lichten auch hier wieder die Anker und freuen uns nun an fliegenden Fischen, die sich spielend über die Wogen erheben, an ungeheuern Vögeln, die mit mächtig breiten Schwingen über das Wasser streichen, selbst an dem gefräßigen Hai, dem Seeadvokaten, wie ihn die Matrosen nennen, der blutgierig das Schiff verfolgt, nach dem ihm vorgeworfenen Köder schnappt und jubelnd an Bord gezogen wird.
Fremde Segel kreuzen fortwährend unsre Bahn; englische, französische, amerikanische und deutsche Schiffe sind es, die ihre buntfarbigen Flaggen durch die Wogen tragen, und jetzt kämpfen wir wiederum gegen die heftigen Stürme am Kap der Guten Hoffnung an, die hier im ewigen Streit und Hader zu liegen scheinen, wo das atlantische mit dem indischen Meere ringt. Doch das Kap ist doubliert; ein paar Stengen brachen zwar und der Sturm riß einige alte Segel aus den Nähten und Leiken, doch das sind Kleinigkeiten, die sich bei einem halben Tag ruhigen Wetters wieder ausbessern lassen.
Hinauf streben wir jetzt an dem schönen Mauritius vorüber und lassen das herrliche, von seiner blutdürstigen Königin beherrschte Madagaskar weit hinter uns, ja schon erreichen wir die indischen Gewässer, und der Monsun legt sich mit bestem Willen in die Segel. Da er uns günstig ist, durchschneiden wir jetzt auch die Sundstraße. Weiter, immer weiter geht unsere Bahn; über bäumende, schaumgekrönte Wogen dahin an blumigen Inseln vorüber, die uns aus ihren Palmen freundlichen Gruß herüberwinken und an dem gefährlichen Borneo vorüber, in dessen heimlichen Baien der Pirat seine Schlupfwinkel hat und den friedlichen Kauffahrer mit mörderischer Waffe überfällt.
Durch Meere schneiden wir, wo noch Mynheer, der sonst am Fock den stolzen Besen führte und mit Recht behaupten konnte, daß er die Meere von seinen Feinden säubere, einen Teil seines alten Ruhmes zu behaupten sucht und Besitzungen hält, an die sich England langsam, doch sicher hinandrängt, und nur den Ausbruch eines Krieges erwartet, um wieder einmal nach allen Seiten hin zugreifen zu können, und jetzt, jetzt berühren wir das Chinesische Meer.
An der Mündung des Kantonflusses liegen mehr Eilande, als sich einer wohl die Mühe geben möchte zu zählen; die Chinesen nannten sie denn auch kurzweg die Tausend-Inseln und sind darin gewiß manchen Europäern ähnlich, die ebenfalls gern in runden Summen sprechen.

Hongkong ist eine von den Tausend-Inseln. Hongkong kann man aber schon eine weite Strecke voraus erkennen, ehe man sich ihm nähert, und die See in jener Gegend ist mit einer wahren Flotte kleiner zwei- und dreimastiger Fischerfahrzeuge bedeckt, die mit ihren wunderlichen Mattensegeln einen gar eigentümlichen Eindruck auf den Fremden machen. Sie segeln immer in Paaren und ziehen ein Netz zwischen sich her.

Bald kommt nun ein Außenlotse an Bord, denn es gibt Innen- wie Außenlotsen in jenen Gewässern, die von der chinesischen Regierung selbst angestellt werden, fremde Fahrzeuge durch die Bocha Tigris von Macao zu den innern Kanälen des Flusses zu nehmen. Das Lotsenboot ist scharf gebaut, schmal im Bug und breit im Stern, und liegt vorn tief im Wasser. Bambus gehen quer durch die Segel, so daß sie höchst einfach gerefft werden können, indem man nur die Reepe hinunterläßt; auch haben die chinesischen Matrosen mit ihren weiten blauen Kalikohosen, die nur wenig unter das Knie reichen, mit ihren lockersitzenden, sehr weit am Hals ausgeschnittenen Jacken etwas ungemein Eigentümliches, was an die Figuren auf Teekisten und Kaffeebrettern erinnert.

Wer aber den Kopf voll von den dreihundertundfünfzig Millionen hat, welche die Bevölkerung von China ausmachen, und hier nun erwartet, daß ein Haus dicht am andern stehe und die Leute fast gar nicht durchkönnen vor Gedränge, der möchte sich freilich getäuscht sehen. Die Küste

ist hier dürr und unfruchtbar, und weder Baum noch Gras gedeiht auf der öden Fläche. So geht es aber oft; wir denken uns gewöhnlich fremde Gegenden ganz anders, als wir sie in der Wirklichkeit nachher finden.
Hongkong liegt etwa zwischen dreißig bis fünfzig Meilen von Macao und etwa hundert von Kanton entfernt. Die Insel ist acht oder neun Meilen lang und zwei bis fünf breit. Der Kanal übrigens, der sie von dem Festland trennt, kann an der schmalsten Stelle kaum zwei Meilen Breite haben. Der Name Hongkong ist aus dem chinesischen Wort: Heong-Keong, „Der duftende Strom", entstanden.
Hongkong hat besonders vor Macao den Vorteil, daß es einen ausgezeichneten Hafen und guten, tiefen Ankergrund besitzt, in dem die größten Kriegsschiffe bis dicht zum Lande kommen oder doch wenigstens in Kabellänge davon einen trefflichen Schutz finden. Hongkongs Bevölkerung ist deshalb auch sehr gestiegen, denn als die Engländer die Insel zuerst betraten, zählte sie nur etwa viertausend Einwohner, während diese jetzt fast mit jedem Monat zunehmen, da besonders die Bewohner von Kowloon oder Kowlung, einer gegenüberliegenden Stadt auf dem Festland, in großer Anzahl hier herüberziehen. Es müssen sich nun wohl über dreißigtausend darauf befinden. Wer übrigens Liebhaber von Architektur ist, kann hier einen förmlichen Genuß feiern und wird auf jeden Fall finden, daß es nicht nur, wie die Baukünstler behaupten, fünf Ordnungen von Architektur gebe. Wer in Hongkong auf der richtigen Stelle steht, könnte fünfzig zählen; die Unordnungen gar nicht einmal mit eingerechnet.
Godouns oder Warenhäuser gibt es auf Hongkong im Überfluß; das Regierungsgebäude steht in der Mitte der Stadt auf einem Hügel, das Postgebäude auf einem andern. Auch ziehen das Morisousche Institut, die Missionarhäuser und das Medizinische- und Marien-Hospital die Blicke des Fremden auf sich. Ebenfalls ist das Gerichtshaus und ein Gefängnis noch zu erwähnen, von denen besonders das letztere so in Anspruch genommen scheint, daß man es für den angenehmsten Platz in ganz Hongkong halten müßte, wenn nur etwas freier Wille beim Betreten desselben mit ins Spiel käme. Das tiefe Tal, das von Norden nach Süden durch Hongkong läuft, wird „das glückliche" genannt.
Die Fahrzeuge, die zwischen Kanton, Macao und Hongkong laufen, sind schnelle Boote, die Segel und Ruder gebrauchen, — Schoner und Kutter, kleine Schiffe von europäischer Bauart und Takelage, und Lookas, großdeckige chinesische Boote von zwanzig bis vierzig Tonnen. Die letzteren werden von den Passagieren vorgezogen, wer aber auf ein europäisches Schiff kommen kann, sollte es dennoch tun, denn, wenn er auch ein paar Stunden länger unterwegs bleibt, so hat er doch ohne Zweifel mehr Bequemlichkeiten. Dergleichen lernt man übrigens am besten durch Erfahrung.

Hongkong wird in späteren Zeiten keineswegs die Bedeutung behalten, die es jetzt hat; denn haben die Engländer nur einmal erst festen Fuß in China selber gefaßt, so hört es natürlich auf, das zu sein, was es jetzt ist: der Schlüssel zum himmlischen Reiche. Jetzt aber, da es noch der Stapelplatz der Engländer bleiben muß — denn die Aussichten mit Kanton liegen noch sehr in weitem Felde — sollten auch diese suchen, dem englischen Namen dort Ehre zu machen und nicht nur Herz und Seele allein darauf gerichtet halten, Tee aus- und Opium einzuführen und in beiden Geschäften so viel als möglich zu verdienen.

Die südliche Seite der Insel ist fruchtbarer, anmutiger und pittoresker als die nördliche, die mehr einen kahlen Anblick gewährt; dennoch stehen die Gebäude der Engländer größtenteils auf der letzteren, da sie sich dort den Ankergrund der Bai sichern mußten und auch mehr vor der Wut des Süd- und West-Monsuns geschützt lagen. Gutes Wasser findet sich im Überfluß, auch Granit zu den Bauten kann leicht gebrochen werden. Jeder Teil hat aber auch sein Angenehmes; an der dürren Nordseite belebt das geschäftige Drängen der Handelsleute das Ufer, und Massen von Schiffen reiten vor ihren Ankern, während in den Buchten von Tytam und Chuckpy-wan im Süden eine Unzahl munterer Fischerboote das Meer mit ihrem geschäftigen Treiben erfüllen.

Der Jäger findet Schnepfen, Wachteln, Rebhühner und Hirsche, während der Naturalist seine Forschungen an Gürteltieren, Landschildkröten, Pflanzen, Palmen, Pisangs, Bananen, wilden Granatäpfeln, Mangos, Ananas, Orangen, süßen Kartoffeln, Yams, Birnen und tausend anderen Sachen ausdehnen kann. In Hongkong läßt es sich auch ganz gut leben und es gibt schlimmere Plätze auf der Welt, obgleich ein nicht unbedeutender Teil des Landes nach heftigem Regen schwammig und sumpfig wird, wobei den kalten Stürmen und Wettern drückende, schwüle Hitze folgt.

Die Szenerie in der Hongkong-Bai ist wahrhaft prachtvoll. Rings umgeben, und zwar auf dem Festland wie auf den Inseln, von hohen oder in der Ferne abdachenden Gebirgsmassen, liegen Fahrzeuge der ganzen Welt: britische Kriegsschiffe, Klipper und Dampfboote, chinesische Dschunken, Sampans, Flöße, Lustschiffe, Fischernachen — und zwischen den stolzen europäischen Schiffen hindurch gleiten die Mattensegel dieses sonderbaren Volkes. Muntere Farben flattern von den Masten; in dem Takelwerk hängen die grotesken Gestalten der chinesischen Matrosen; dazwischen hindurch dröhnen und donnern, wenn ein Fahrzeug im Begriff ist abzusegeln, die Tamtams und das Schmettern der Gongs, und da wieder hinein wirft sich der Ching-Ching-Joß, eine Art Feuerwerk, wobei grellfarbige und in wunderliche Formen geschnittene Papiere entzündet und über das Wasser ausgeschüttet werden.

Der Fremde weiß wirklich nicht, wohin er zuerst die Blicke wenden soll.

Zweites Kapitel

Wir wollen jetzt von Hongkong einmal auf einem dieser kleinen chinesischen Fahrzeuge nach Macao hinüberschiffen.
Von der See aus sieht der Platz gut genug aus, und wir gleiten durch die europäischen Schiffe hin, die einige Meilen vom Ufer vor Anker liegen. Durch das Getöse und Schreien der Tanka-Weiber drängen wir uns jetzt hindurch. Diese Tanka-Weiber werden nämlich nach ihren Booten so genannt, in denen sie waschen, und eigentümlich genug sehen solche Tankas aus. Nußschalengleich gebaut, sind sie etwa sechs bis acht Fuß lang und drei bis vier Fuß breit, mit einem Deck und Rohrdach über die Hälfte derselben.
Kaum in der Nähe des Ufers angelangt, stürmen die chinesischen Kulis oder Lastträger, schon bis ins Wasser hinein, dem Reisenden entgegen, fassen dessen Gepäck, ja schlagen sich vielleicht gar noch mit einem Kameraden darum und schleppen es ans Ufer und dem Ort zu, wo man sich aufzuhalten gedenkt. Endlich hat man das schützende Haus erreicht und setzt sich hungrig genug zu seinen „tiffen" Beefsteaks, Schinken und Eiern mit Kartoffeln, nieder; dann aber gehört sich's vor allen Dingen auf dem Prava-Grande zu spazieren, wo sich das junge China ein Vergnügen macht und aus Leibeskräften den neu importierten „Barbaren", Wie die Fremden dort alle genannt werden, anstarrt.
Der portugiesische Teil von Macao befindet sich größtenteils auf den Hügeln, während die Chinesen mit ihren Bazaren den niederen Grund behaupten. Die Stadt ist gut gebaut und hat schöne Straßen; da aber diese meistenteils zu eng sind, um den Gebrauch von Kutschen oder Wagen zu erlauben, so benutzt der, der von einer Stelle zur anderen transportiert zu sein wünscht, meistenteils mit dunklem Tuch bedeckte Tragsessel, die einen gar traurigen Anblick gewähren. Alles sieht dabei fremdartig aus und hat auch nicht die mindeste Ähnlichkeit mit einer europäischen Stadt.
Wer viel Geld hat, geht dann gewöhnlich in die Chinesenladen, die im europäischen Teil der Stadt liegen, und bezahlt dort ein halbes Dutzend Dollar für Sachen, die er in Europa fast um ebensoviel Groschen bekommen würde. Der interessanteste Platz auf der ganzen Promenade ist jedoch der vor dem Gerichtshaus, denn dort findet man ein solches Sortiment von Chinesen, wie man es kaum für möglich gedacht hat. Langzöpfige Burschen in allen nur erdenklichen Beschäftigungen umgeben den Staunenden, während die wunderbarsten Töne zuerst unterhalten, nachher betäuben; aber gerade diese Verwirrung des Ganzen vermehrt das Interessante der Szene.
Hier steht ein Doktor, ein zweiter Galen, mit einem bedeutenden Assortiment seiner Medizinen; dort enthüllt ein Astrolog einem Wißbegierigen

die Geheimnisse der Sternenwelt; ein ehrlicher Regenschirmfabrikant und ein unermüdlicher Schuhflicker, die traulich nebeneinandersitzen, sorgen, der eine die Übel von oben, der andere die von unten abzuhalten. Auch ein Buchhändler fehlt nicht, mit seiner ganzen Buchhandlung vor sich; ein wandernder Schmied hämmert auf seinem fahrbaren Amboß; ein Geldwechsler kauert dort neben seinem wohlverwahrten Tisch; ein Auktionator, der mit schallender Stimme die Vorzüglichkeiten seiner Fächer, Pfeifenköpfe u.a. in die Welt hineinschreit; Barbiere, Fischer, Konditoren, Glaser, Porzellanhändler, Fremde, Kinder, Vieh, das alles wirft sich hier in einem solchen Chaos von Gestalten und Tönen zusammen, daß man es, wenn hineingeworfen, kaum begreifen und nie wieder vergessen kann.

Die Abdachung, auf welche die Stadt gebaut ist, und der Gebirgsrücken, der sie umgibt, trägt viel dazu bei, das Imposante ihrer Erscheinung zu vermehren; besonders sticht dabei die einer Festung ähnliche portugiesische Kirche auf einer benachbarten Höhe ab.

Zwei oder drei Jahrhunderte sind jetzt vergangen, seit die Portugiesen Erlaubnis erhielten diesen Platz zu bauen, und zwar deshalb, weil sie den Chinesen wesentliche Dienste leisteten, indem sie ihre Seen von Piratengesindel reinigten. Obgleich Macao als eine portugiesische Stadt betrachtet wird, steht sie doch unter chinesischer Botmäßigkeit. Der Name Macao bedeutet: Eingang in die Bai.

In Macao müssen sich die nach Kanton bestimmten fremden Kauffahrer einen Erlaubnisschein verschaffen, um an den Forts vorbeizusegeln, von wo aus sie einen Flußlotsen an Bord nehmen.

Erst seit kurzem ist übrigens ein höchst wunderlicher Brauch aufgehoben; denn es durfte bis dahin keine einzige Dame, weder von Europa noch Amerika abstammend, weiter in das himmlische Reich hinauf als bis zu diesem Posten; auf jeden Fall ein sehr ungalantes Gesetz für die Nachkommen des Konfuzius.

Im inneren Hafen drängen sich Dschunken, eine Unmasse von Sampans oder Familienbooten und kleine schwimmende Wohnungen in fast unglaublicher Anzahl zusammen. In diesen halten sich aber auch Opiumraucher, Schmuggler, Spieler, Diebe und alle Arten von Gesindel auf, die hier nicht allein einen bequemen Versammlungsort finden, sondern auch leicht, wenn einmal aufgespürt, nach den verschiedenen Inseln entfliehen können. Die Anzahl von Piraten in diesen Gewässern ist grenzenlos, und die fast tollkühnen Überfälle, die sie machen, zwingen jeden, der hier seinen Anker über Bord wirft, nicht allein die Augen überall zu haben, sondern sogar jedem Wesen zu mißtrauen, das sich ihm nähert. Was sind nicht Leute fähig zu tun, die in Armut und Laster aufgewachsen und von Opium fast ihrer Sinne beraubt, nichts zu verlieren haben, als ihr ohne-

dies elendes Dasein. Freilich gibt es in allen Ländern böse Menschen, und China macht eben nur keine Ausnahme von der Regel.
Macao ist auch in literarischer Hinsicht berühmt. Camöens, der portugiesische epische Dichter schrieb hier in Macao während seines Exils einen großen Teil der Louisiade, und die Camöens-Höhle wird noch jetzt den Fremden gezeigt. Auf dem protestantischen Kirchhof steht auch das Grab des Doktor Morison, der, natürlich mit chinesischer Hilfe, die Heilige Schrift in das Chinesische übersetzte und ein chinesisches Lexikon, wie eine ebensolche Grammatik, zusammentrug.
Das Joßhaus, oder der Tempel, der nach dem inneren Hafen hineinschaut, ist ebenfalls noch sehenswert. Joß ist das verdorbene portugiesische Wort dios, so daß Joßhaus also Gotteshaus bedeutet, in Kanton werden daher alle Götzentempel Joßhäuser genannt.
Besonders amüsant sind die Bilderhändler, die mit ihren wunderlich gemalten Zeichnungen ebenfalls in den Straßen feil halten. Zu diesen haben sie gewöhnlich entsetzlich lange Beschreibungen und Schilderungen, von denen ich mich noch unter anderem eines Dampfschiffs erinnere, auf dem die Männer halb so hoch wie die Masten mit roten Jacken und erbsengrünenen Beinkleidern standen. Ein Mann sah oben von der Fockstange mit einem Fernglas heraus, das größer war als das Holz, an dem er lehnte, und zwei große gelbe riesenmäßige Kanonen lagen, eine vorn über den Bug, die andere über den Stern hinausgestreckt, und schienen alle Augenblicke vornüberkippen zu wollen. Die Räder gingen gar nicht ins Wasser, damit man auch sehen könnte, daß sie rund wären, und das ganze Kunstwerk erfreute sich sämtlicher Regenbogenfarben mit ihren verschiedenartigsten Schattierungen.
Die Insel Whampoa, die wir jetzt erreichen, liegt etwa zehn oder zwölf Meilen unter Kanton und trennt hier den Fluß in zwei ziemlich gleiche Arme. Dort haben wir sie vor uns mit ihrer wallumzogenen Stadt, ihrer Pagode, ihren Warenhäusern und Orangenhainen, ihren Reis- und Zuckerplantagen. Der südliche Kanal, oder Whampoa-Reach, ist der Platz, wo seit vielen Jahren die europäischen Schiffe ankommen; hier aber machen wieder die grünen Felder am Ufer, die Kanäle und Städtchen, das hohe Land dahinter, die Bambusstrecken und dunkeln Haine, neben all dem tausendfältigen Gewühl von Schiffen und Fahrzeugen, einen eigenen Eindruck auf den Beschauer.
Über das Flußleben der Chinesen muß ich übrigens an einer anderen Stelle noch etwas Näheres erwähnen, denn die Anzahl der Personen, die in diesem ungeheuren Land fortwährend auf dem Wasser existieren, ist unglaublich groß. Es gibt förmlich schwimmende Städte und Dörfer, und kaum ein Geschäft, das nicht auf dem Wasser betrieben würde — Torfstechen ausgenommen.

Sampans liegen zu Dutzenden hier; auch Kriegsdschunken von verschiedenen Größen, und Bambusbattens und Mattensegel begegnen dem Auge überall. Am wunderlichsten sieht aber jene lange Reihe von Wäscherbooten aus, die wie ein Drachenschwanz hinter einem Kauffahrer, an dessen Stern sie befestigt sind, hängen, und die Frauen darin waschen und plätten und falten und bessern aus, und breiten das Zeug auf querübergespannten Bambus, um es in der Sonne zu trocknen. Und seht ihr, wie jene Frau mit dem Kind zwischen all dem Waschen und Plätten das Mittagessen kocht? An Kindern fehlt es überhaupt nicht, und manche sind mit einem dünnen Seil festgebunden, damit sie nicht etwa einmal in ihren tollen Spielen über Bord fallen. Einige haben Ruder in ihren kleinen Händen, junge Kolumbusse, die beizeiten anfangen die Schiffahrtskunde zu lernen, während Unmassen von kleinen Bälgern, von denen manche noch große Säuglinge zu sein scheinen, große bemalte, und zwar leichte Stücke Kork oder ausgehöhlte Kürbisse an ihren Schultern befestigt haben, damit diese sie über Wasser halten, wenn sie wirklich, was fast jeden Tag zehn oder zwölf Mal geschieht, hineinfallen.

Seht Kinder, jetzt habt ihr nun die Insel und Stadt, die Dörfer, Plantagen, Pagoden, den Fluß, die tausend mit Mattensegeln bespannten Dschunken und Boote, die Kriegsschiffe und Kauffahrer, und all das wilde, lebendige, interessante Leben einer fremden Welt vor euch, das eigentlich nur so interessant scheint, weil es fremd ist. Da wir denn einmal so weit gekommen sind, um mit kurzer Fahrt das mächtige Kanton erreichen zu können, so wollen wir uns erst ein wenig mit den Leuten selber bekannt machen, denen wir, sobald wir das Festland betreten, begegnen müssen. Wir handeln dabei allerdings ein wenig aristokratisch, indem wir nur mit denen umgehen wollen, die uns vorgestellt sind, doch in diesem Falle schadet es vielleicht nichts, und sicherlich ist es auf einem Gewässer, wo es so viel Gesindel gibt, immer gut, ein bißchen zu wissen, mit wem man es überhaupt zu tun hat.

Drittes Kapitel

Die chinesische Nation ist ungemein alt, ja so alt, daß einmal ein Yankee sagte, er könne gar nicht glauben, es gäbe kleine Kinder drin. Doch da hat er der Nation Unrecht getan, denn wenn er die Sampans hier vor sich sähe mit dem Schwarm des jungen China, so würde er die Idee wohl zurücknehmen.
Die Sache ist aber die: das Land ist alt, nicht das Volk, oder wenigstens nicht älter als das deutsche oder englische, und es ist nur seit langen, langen Zeiten in ein und demselben alten Gleis immer fortgerollt, ohne sich viel um das zu kümmern, was in der Außenwelt vorging.
Die Chinesen sind in Größe vielleicht den Europäern gleich, wenn sie auch die Knie ein wenig weiter voneinander tragen, als sich mit unsern Ideen von Geometrie und Schönheit verträgt; was aber Stärke und Kraft betrifft, so glaube ich kaum, daß darin die chinesischen Lastträger von irgend einer andern Nation der Welt übertroffen würden. Das Haar dieser „Himmlischen" — denn sie nennen sich ja die Bewohner des himmlischen Reiches — ist schwarz und grob und ihre Köpfe sind hinten breiter und vorn schmäler als die unsern. Manche wollen auch danach behaupten, daß ihre geistigen Kräfte, selbst unter den günstigsten Umständen, denen der Europäer nicht gleich kommen könnten; das haben die Chinesen übrigens nicht bewiesen, denn besonders was kunstvolle Arbeiten oder mechanische Fertigkeiten betrifft, werden sie wohl kaum von einem Lande übertroffen. Doch wie dem auch sei, haben wir wirklich mehr Fähigkeiten, so will ich nur wünschen, daß wir sie auch so viel besser benutzen.
Die Stirnen der Chinesen sind auf jeden Fall sehr schmal, ihre Augen

klein und schräg geschnitten; dabei geben ihnen noch die hohen Backenknochen, das kahle Haupt und der lange Zopf etwas für uns sehr Auffallendes, ja oft Komisches. Das Gesicht eines recht fetten Chinesen hat manchmal sogar Ähnlichkeit mit einem großen Haus mit sehr kleinen Fenstern drin; wer weiß aber dagegen, wie wir ihnen vorkommen; möglich ist's, daß unser Aussehen gerade soviel Komisches für sie hat, wie es mit dem ihrigen bei uns der Fall ist. Der Geschmack muß ja auch verschieden sein, sonst gäbe es nichts als Mord und Totschlag auf der Welt.
Die höheren Klassen tragen, besonders an der linken Hand, sehr lange Nägel. Die chinesischen Frauen halten sehr viel von einem weißen Teint und färben sich zu dem Zwecke nicht selten die Haut; das gibt ihrem Antlitz jedoch eher noch etwas Totes und Starres und vermehrt, wenigstens in unsern Augen, keineswegs ihre Schönheit. Sie haben zarte Hände, reizend geschnittene Augenbrauen und regelmäßige, ovale Züge; auch ihre Augen glänzen und blitzen in südlicher Lebhaftigkeit, nur fehlt ihnen leider größtenteils jenes geistige Leben, das ein regelmäßiges Gesicht erst wirklich schön machen kann. Manche Damen schneiden sich übrigens ihre Augenbrauen ab und zeichnen an deren Stelle einen dunkeln zarten und leicht gebogenen Strich.

Eine recht häßliche Angewohnheit ist übrigens die, den Fuß so einzuschnüren, wie es die chinesischen Frauen tun. Wenn das Kind erst fünf Jahr alt ist, wird ihm der Fuß schon zusammengeschnürt und die beiden größten Zehen fest unter die Sohle gebunden; und dennoch ist ein so unnatürlich verkrüppeltes Glied der Stolz der Frauen und die Freude der Männer. An poetischen Bildern sind diese letzeren dabei auch nicht arm; so nennen sie z.B. die kleinen Füße ihrer Damen — kum-leen — Wasserlilien, ihre Augen Silberseher und ihre schlanken Gestalten Weidentaillen. Das blaue Oberkleid der chinesischen Damen, mit seinen schwarz und weißen oder weiß und goldenen Borten, macht sich dabei sehr elegant und nicht weniger die reichgeschmückten Unterkleider. Chinesische Schönheiten binden sich auch gewöhnlich das Haar in einen dicken Zopf oben auf den Kopf, wo sie es mit Nadeln feststecken und mit Blumen schmücken. Sie spielen Gitarre, rauchen und legen selten ihre Fächer ab. Werden aber die europäischen Damen über jener zusammengeschnürte Füße die Nase rümpfen dürfen? Hat ihre Mode nicht ebenfalls eine Untugend, die vielleicht in den Augen andrer Völker ebenso entstellt, auf jeden Fall aber noch gefährlicher ist, als das Zusammenpressen der Füße? Es ist das entsetzliche Schnüren, und wenn eine junge chinesische Dame, auf ihren kleinen winzigen Füßen taumelnd, zu fallen vorgibt oder eine europäische Dame beim Anblick einer Spinne Krämpfe bekommt, so ist das gewöhnlich ein und dieselbe Ursache, die beide bewegt; die chinesischen Damen haben aber noch einen Vorteil, und zwar einen gewaltigen Vorteil, sie fallen mit ihren unnatürlich kleinen Füßen höchstens auf die Nase, die europäischen Damen sinken dadurch nicht selten in ein frühes Grab.
Die Kleidung der chinesischen Männer ist nicht allein dem Klima des Ostens angemessen, sondern auch durch Sitten und Gewohnheiten so fest gestellt, daß ein Mann gar nicht mehr das tragen kann, was er will, sondern das anziehen muß, was ihm jene gebietet. Ein langes, leichtes Gewand mit weiten Ärmeln, weiß im Sommer und blau im Winter, ist die gewöhnliche Tracht der besseren Klassen, während bei festlichen Gelegenheiten gestickte Gewänder mit hineingewirkten Tieren darauf, wie z.B. Störche, Tiger, Drachen, Rang, Stand oder Familie bezeichnen müssen. Ein gesticktes Kniekissen wird ebenfalls ziemlich allgemein getragen, um ihre häufigen Bußübungen weniger schmerzhaft zu machen. Diese Kissen werden nicht selten sehr reich geschmückt und dadurch, obgleich sie ein Zeichen der Erniedrigung sind, erst recht hervorgehoben. Der leichte, breitrandige, spitze Hut der Chinesen ist bequem und zugleich charakteristisch.
Ein Mandarin in seinen Staatsgewändern, die von Stickerei und Seide starren und strotzen, mit seiner dreiäugigen Pfauenfeder muß oder sollte wenigstens, der Achtung nach, mit der ihn die Chinesen charakterisieren,

„wie ein Drache dahinwandeln und Schritte wie ein Tiger machen". Kapitän Bingham schildert übrigens einen solchen Stutzer sehr treffend.
„Dieser Mandarin", sagt er, „war eines der herrlichsten Exemplare, das ich bis jetzt in China getroffen hatte. Zwei oder drei Zoll über 6 Fuß hoch war er von stattlicher starker Körpergestalt. Er trug eine Wintermütze von dunkelbraunem Atlas, die dicht an seinen Kopf schloß und einen schwarzen Samtrand hatte und ringsherum scharf aufgebogen, vorn und hinten jedoch viel höher stand als an den Seiten. In der Tat glich diese Mütze ungemein jenen kleinen Schiffchen, die wir für Kinder aus Papier falten. Oben auf der Mütze trug er einen weiß-kristallenen sechseckigen Knopf, reich gefaßt und von diesem aus fiel eine einäugige Pfauenfeder zwischen seinen Schultern nieder. Diese Feder wurde dabei von einem grünen, etwa zwei Zoll langen Jaspisstein gehalten, über den die Feder noch etwa zehn Zoll vorstößt.
Sein Ma-kwa oder Reitrock bestand aus feinem blauen Kamelott, dessen mächtige Ärmel über den Ellbogen herabreichten, während die Spitzen derselben bis auf die Hüften fielen. Unter diesem trug er eine reiche blaue Seidenjacke mit fast zu den Knöcheln gehenden Ärmeln, daß ihre volle Schönheit auch noch unter dem Ma-kwa vor erkannt werden konnte. Diese weiten Anzüge schließen stets über der rechten Brust und werden dort von oben bis unten mit Schlingen und Knöpfen zusammengehalten. Seine ‚Unflüsterbaren' waren aus hellblauem Nankingzeug, etwa nach Art des modernen Griechenlands getragen, indem er sie dicht unter dem Knie in seine schwarz-seidenen Mandarinstiefel steckte, deren zwei Zoll dicke Sohlen rein weiß gehalten wurden — die Chinesen kannten wahrscheinlich noch nicht Vogels Non plus ultra-Indigo-Tran-Glanzwichse.
Das Äußere seiner Gestalt wurde durch seine anscheinend höchst kriegerischen, in der Tat aber ungemein friedlichen Instrumente vervollkommnet, ohne die sich überhaupt kein achtbarer Chinese sehen lassen möchte, das ist der Fächer mit seiner prachtvoll gearbeiteten Scheide, die Börse oder Tabakstasche, auf deren Verzierung ungemein viel Kunst verwandt wird, dann eine Anzahl von silbernen Zahnstochern und Ohrlöffeln, und eine Uhrtasche, deren Gürtel auch noch ein anderes kleines Lederbehältnis für Stahl und Feuerstein trägt.
Beinahe hätte ich aber seinen schönen Zopf vergessen, den Stolz jedes chinesischen Herzens. Dieser Mandarin hatte aber auch allen Grund, stolz darauf zu sein, wenn er wirklich ganz echt war. Ich möchte gar nicht sagen wie dick er war, und bis auf die Waden ging er hinunter. Dabei hätte Rowlands Makassaröl umsonst versuchen können, ihm einen schönen Glanz zu geben; doch kurz und gut, dieser Mandarin repräsentierte auf das Herrlichste die Klasse der stutzerhaften chinesischen Kavallerie-Offiziere.

19

Als er an Bord unseres Schiffes heraufstieg, trug er seinen Fächer noch in der Scheide; kaum betrat er aber das obere Deck, so brachte er ihn auch in größter Geschwindigkeit zum Vorschein, denn eine anständige Begrüßung schien er ohne ihn für unmöglich zu halten."

Wer übrigens etwas eigen in seinen Mahlzeiten ist, und nicht ebenso gut wie Rindfleisch, Suppe und Pudding auch Hunde, Katzen, Würmer, Raupen, Heuschrecken, Schnecken, Schlangen-Ragout und Käferkompott ißt, der setze sich lieber nicht zu einem chinesischen Mittagstisch nieder, denn es ist zehn gegen eins zu wetten, daß ihn seine freundlichen Wirte damit regalieren. Überhaupt genießen die Chinesen nicht allein die obenerwähnten Geschöpfe, sondern auch jedes andre Gewürm, das sich in ihrem Lande zeigt.

Wer dort Besuche abstattet, entgeht auch der hochroten Einladungskarte nicht, und kaum erreicht ihr die Wohnung dessen, der euch zu sich gebeten, kaum verlaßt ihr euern Tragstuhl, so tritt euch auch schon der höfliche Wirt entgegen und versichert euch, daß er seit langer Zeit — ihr machtet ihm vielleicht erst gestern die Aufwartung — euern „wohlriechenden Ruf" geachtet habe. Es ist ein recht angenehmes Gefühl, sich zum ersten Mal niederzusetzen und an gesalzenen Regenwürmern, gemalten Taubeneiern, geräucherten Fischen, indischen Vogelnestersuppen, Haifischflossen, Krabben und ungeheuren Würmern zu schwelgen. Die Vogelnestersuppe geht allenfalls, auch die Fische lassen sich essen, ja die Haifischflossen sind sogar noch etwas Natürliches, wenn es aber erst an die Regenwürmer geht — eks! — beks! — die Haut schaudert einem ordentlich.

In England ist das Hauptnahrungsmittel Weizenbrot, in China dagegen Reis. Dieser wird gekocht und gewöhnlich aus einer Schüssel mehr getrunken als gegessen. Hätten die Chinesen unsere weiten Wiesen, dann würden sie wahrscheinlich auch von Rind- und Hammelfleisch leben, da dies aber nicht der Fall ist, so müssen sie Fische, Vögel und Schweinefleisch, dazu aber dann auch das Fleisch von wilden Pferden, Hunden, Katzen, Ratten, Mäusen und Gott weiß was sonst allem verzehren. Die indischen Vogelnester sind dabei eine Delikatesse und stammen nur von einer besonderen Art von Vögeln ab, die größtenteils im indischen Archipel und besonders auf Java und Borneo gefunden werden. Man weiß nicht, aus welchen Stoffen diese Vögel sie zusammensetzen, sie bilden aber eine gallertähnliche Masse und können auch ihres salpeterartigen Gehaltes wegen eine ziemlich lange Zeit aufbewahrt werden. Als Gemüse dienen ihnen die süße Kartoffel, die Pih-than, die Wurzel des Pfeilkrauts, Wasserlilie, Wasserkastanie, und noch andere Wurzeln, und ihre Getränke sind, außer dem Wasser natürlich, das sie jedoch nicht so besonders lieben, Tee und aus Reis gebrannte spirituöse Getränke.

Die Chinesen — ich spreche jedoch jetzt nicht von ihren Beherrschern — scheinen im allgemeinen ein ruhiges vernünftiges und freundliches Volk zu sein; keineswegs eigenwillig, lassen sie sich gern und mit Freuden überzeugen und sind bald zu dem zu bewegen, was sie selber als recht und billig einsehen müssen. Das Alter ehren sie; auch ihre Eltern und armen Verwandten werden anerkannt und unterstützt. Sie sind dabei gelehrig, fleißig und gutmütig, oft bis zum Äußersten; das ist jedoch nur die Lichtseite ihrer Charaktere, nun muß ich aber auch noch ihre Schattenseiten erwähnen, deren allerdings fast ebensoviele sind.

Sie sind oft falsch, wenn sie wahr erscheinen, und heucheln Gefühle und Ansichten, die sie in ihrem Inneren keineswegs hegen; daran sind aber, glaube ich, großenteils ihre Sitten schuld, das entsetzlich zeremonielle Wesen, in dem sie aufgezogen werden. Jeder Rang hat da seine gewissen Ehrenbezeigungen, die er bekommen muß, ob man ihn nun achtet oder nicht, und hohle, nichtssagende Redensarten und Begrüßungen gewöhnen stets den Menschen an Lüge und Verstellung; auch ist der Chinese mißtrauisch — doch darin haben wir Europäer vielleicht kein richtiges Urteil; es kann sein, daß er nur gegen Fremde Mißtrauen zeigt. Besser bekannt sind wir mit seiner Eifersucht, seinem Neid, seinem Egoismus und seiner kaltblütigen, oft fürchterlichen Grausamkeit.

Das Übel wird aber erklärlich, wenn wir die Verhältnisse der chinesischen Einrichtungen näher betrachten. Ihrer Religion können wir allerdings nicht schuld geben; sie sind zwar keine Christen und beten nicht wie wir zu einem Wesen, das sie den lieben Gott und die heilige Dreifaltigkeit nennen, ja, sie haben sogar statt unsern Heiligenbildern mißgestaltete Götzen; ihre moralischen Lehren sind aber gut genug, wenn sie nur denen des Konfuzius folgen wollten; nein, ihre politische Einrichtung ist es, die sie in Ketten und Banden gefangen hält; ihr Kaiser, die absolute tyrannische Macht, hat Freiheit und Leben von mehr als dreihundert Millionen menschlicher Wesen in seiner Gewalt, niederträchtige Mißbräuche werden dabei an den Gerichtshöfen getrieben, und Betrug und Bestechung bannen die Gerechtigkeit von ihren Schwellen. Einen großen Teil des Volks treibt noch dazu Armut und Elend zu verzweifelten Taten, und die Grausamkeit, mit der die Oberen verfahren, macht sie selbst hartherzig. Das weibliche Geschlecht, besonders der ärmeren Klassen, wird wenig geachtet, und Kindermorde sind ein keineswegs seltener Fall, wenn sie auch nicht so häufig vorkommen, wie das einmal eine Zeitlang in Europa behauptet wurde.

Ich wünsche übrigens nicht, daß der Leser durch das eben Gesagte, die Chinesen geringer schätzen sollte, als sie es wirklich verdienen, und will deshalb hier von einem chinesischen Kaufmann eine Anekdote erzählen, zu der wir selbst im Lande unsrer christlichen Liebe wenig Seitenstücke finden würden.

Ein englischer Kaufmann namens C. wohnte mehrere Jahre in Kanton und Macao, wo ein plötzlicher Glückswechsel ihm nicht allein seine Reichtümer entriß, sondern ihn auch in förmliches Elend stieß. Ein chinesischer Kaufmann namens Chinkua, dem er früher wichtige Dienste geleistet, stellte ihm da augenblicklich zehntausend Dollar zur Disposition; der Engländer nahm es auch an und gab ihm für die Summe seinen Wechsel. Diesen warf der Chinese augenblicklich ins Feuer und sagte: Als du, mein Freund, erst nach China kamst, war ich ein armer Mann; da nahmst du mich bei der Hand und machtest mich, indem du meine ehrlichen Bemühungen unterstütztest, reich. Unser Schicksal hat sich jetzt geändert; ich sehe dich arm, während ich im Überfluß lebe.

Die Beistehenden hatten den Wechsel noch aus dem Feuer gerettet, und der Engländer, durch solche Großmut gerührt, drang nun um so ernstlicher in seinen Freund, doch wenigstens diese Sicherheit anzunehmen. Das tat nun der Chinese auch endlich, zerstörte das Papier aber auf der Stelle. Der Schüler des Konfuzius, da er jetzt sah, wie diese Handlung den Europäer mit wirklichem Schmerz erfüllte, sagte, um ihn zu trösten, er würde seine Uhr oder irgend einen anderen kleinen Gegenstand als Andenken an seine Freundschaft nehmen.

Der Gentleman gab ihm augenblicklich das Verlangte, Chinkua ihm dagegen ein altes eisernes Petschaft, wobei er sagte: Nimm dies, ich habe es lange gebraucht und es besitzt keinen wirklichen Wert; du gehst aber jetzt nach Indien, um deine außenstehenden Schulden möglicherweise einzukassieren und es ist ungewiß, ob du darin Glück oder Unglück hast. Sollte dich das Schicksal noch mehr heimsuchen, so unterzeichne selber die Summe, die du gebrauchen wirst und siegle sie mit diesem Petschaft, ich werde das Geld bezahlen.

Dankbarer und großmütiger Heide, du kannst stolz auf die Tat sein, stolz um so mehr, da du wohl schwerlich bei den Europäern, mit denen du in Verbindung gestanden, schon etwas Ähnliches erlebt hast.

Viertes Kapitel

Was die chinesische Geschichte betrifft, so geht sie allerdings weiter zurück, als die, welche Moses gibt und die wir in Ermanglung einer besseren angenommen haben. Die Juden behaupten, die Welt stünde sechstausend Jahre; das muß aber wohl ein Kalkulationsfehler sein, oder die Chinesen haben sich um einige siebzigtausend geirrt, denn sie gehen bis in ein, schon gar nicht mehr graues, Altertum von achtzig Jahrtausenden zurück. Auf jeden Fall ist die chinesische Nation die älteste, wenigstens die,

die am weitesten zurück von sich Berichte zu geben weiß, denn wenn die Juden sagen, erst seit jener Zeit existieren wir, so kann damit noch nicht für bestimmt angenommen werden, daß auch die ganze Welt seit daher existiert. Allerdings ist es nicht nur schwer, sondern sogar unmöglich, etwas Bestimmtes über eine Zeit zu sagen, deren Geschichte sich durch Tausende von Generationen nur durch mündliche Übertragungen fortpflanzen konnte. Soweit dies aber möglich ist, muß es die Nation selbst wohl am besten wissen, und was diese sagt, will ich hier mitteilen. Vorher möchte ich jedoch noch bemerken, daß sich die Chinesen selbst in mancher Hinsicht nicht ganz treu bleiben, ebenso auch ihre entsetzlichen Namen bald auf diese, bald auf jene Art buchstabieren. Am allgemeinsten ist etwa das Folgende angenommen.

Zuerst kam Pwen-Koo, dies natürlich, nachdem Himmel und Erde getrennt und das Chaos beseitigt worden war; dann kam Täon-Hwang-sche „Kaiserlicher Himmel"; Täon-Hwang-sche richtete die Jahre ein und scheint sich eines ziemlichen Anteils derselben erfreut zu haben, denn er regierte achtzehntausend Jahre. Te-Hwang-sche, der die Monate einrichtete, folgte Täon-Hwang-sche und herrschte ebensolange. Te-Hwang-sche bedeutet „Königliche Erde". Hiernach folgte Jin-Hwang-sche, der „Souverän-Mann". Er teilte das Land, muß aber sehr alt geworden sein, denn seine Regierung soll fünfundvierzigtausendsechshundert Jahre gedauert haben — natürlich dermalige chinesische Jahre. Yew-chaou-sche und Suy-fin-sche kamen danach, und der erste erfand die Wohnhäuser, der andere das Feuer. Noch eine Menge anderer Fürsten werden genannt, die teils Fischen, Jagen, Musik, Ackerbau, Medizin etc. erfanden und die Menschen belehrten. Doch ihre Namen klingen ganz ähnlich und bleiben dem europäischen Ohr weiter nichts als ein Chaos.

Nach den drei Kaisern: Fuh-he, Schin-nung und Hwang-te — eben die Erfinder der obigen Sachen — kamen fünf berühmte Souveräne; die wichtigsten von diesen waren aber Thaou und Schau. Yaou soll ein vollkommener Herrscher und das Land, welches er regierte, ein Eden gewesen sein. Nachher aber kam eine große Flut über das Volk, und erst Thu wußte die Wasser abzuleiten.

Die Erzählung der Sintflut in dem Schooking, einem der berühmtesten chinesischen Bücher, zeichnet sich dabei ebenfalls auf eine so eigentümliche Art aus, daß ich sie hier miterwähnen will.

„Der Kaiser Yaou sagte: — Ungeheuer und vernichtend sind die versammelten Wasser, die ihre Ufer überstiegen haben und so hoch steigen, daß sie die Berge und deren höchsten Gipfel bedecken. Ach, das unglückselige Volk, wer soll es von seinen Leiden befreien!

Da erwiderten alle: — Siehe Kwan, er kann es tun. — Ach nein, antwortet Se. Majestät, das kann nicht sein; er widersetzt sich den Befehlen seiner

Oberen und zerstört die neun Klassen der Verwandtschaft. Hierauf bemerkten die Minister, daß es doch vielleicht möglich wäre, er solle es ihn einmal versuchen lassen, und der Kaiser gab endlich nach. — Er mag gehen, sagte er, aber er soll vorsichtig sein."
Das Gespräch bezieht sich nämlich auf einen heiligen Mann, der versuchen sollte, die immer noch zögernde Flut zu besänftigen, und dieser war wohl, wie der Bericht lautet, neun Jahre mit seiner Arbeit beschäftigt, ohne sie beenden zu können, was er endlich mit dem Tode büßen mußte. Yu, sein Sohn, wurde nach ihm verwandt, diesem aber gelang es, die Flut zu entfernen und im Kaiserreich wieder Ordnung herzustellen. Als er zurückkehrte, sagte sein Herr zu ihm:
Nähere dich unserer kaiserlichen Gegenwart. Du hast auf jeden Fall eine ungemeine Anzahl von Mitteilungen zu machen. Yu warf sich nieder und erwiderte: — O, Majestät, wie soll ich das alles sagen. Meine Gedanken waren unermüdet und immerwährend, Tag und Nacht, beschäftigt. Die Überschwemmung stieg mit jedem Tag und verbreitete sich so weit als das Himmelsgewölbe über uns. Sie begrub die Hügel und bedeckte die Berge mit ihrem Wasser, und das Volk sank darunter. Ich reiste auf trockenem Land in einem Wagen, auf dem Wasser in einem Boot, über sumpfige Stellen in einem Schlitten; ich ging von Berg zu Berg und fällte Bäume, ernährte das Volk mit ungekochter Kost und grub neun Betten, durch welche das Wasser in die See zurückkehren konnte. Nachdem sich die Wasser verlaufen, lehrte ich das Volk pflügen und säen und veranlaßte es, solche Dinge, die es im Überfluß hatte, gegen andere, ihm ebenfalls nützliche oder notwendige einzutauschen; ich lehrte es Handel treiben. Auf solche Art wurde das Volk ernährt und zehntausend Provinzen zu Ruhe und Ordnung zurückgeführt."

Fünftes Kapitel

Die Herrscher von China sind teils grausam, tyrannisch und verweichlicht, manche dann aber auch wieder höchst umsichtig und weise gewesen. Ching-tang gründete die Schang-Dynastie und regierte mit Mäßigkeit und Klugheit; er legte Getreidemagazine an und war keineswegs so stolz und herrschsüchtig wie viele seiner Vorgänger. Ihm folgten siebenundzwanzig Prinzen, von denen einige wirkliche Tyrannen waren, andere zu den benachbarten Inseln flüchteten, und man glaubt auch, daß Japan auf solche Art durch chinesische Kolonisten bevölkert sei. Chong-fin, der letzte der Schang-Dynastie, war ein grausamer Tyrann und sollte eben

vom Throne gestoßen werden, als er sich, um diese Schande nicht zu erleben, in seine königlichen Gewänder kleidete, seinen Palast anzündete und in dessen Flammen sein Grab suchte und fand.
Nach ihm kamen die Chow-, Tsin-, die Han- und Tsin-Dynastien. Zwei von diesen klingen ganz ähnlich, die Chinesen brauchen aber verschiedene Schriftzüge, sie anzudeuten. Während Ching-wangs Regierung wurde zum ersten Mal Geld nach China eingeführt. In der Chou-Dynastie lebte dagegen der berühmte Philosoph Konfuzius, etwa 500 Jahre vor Christus. Konfuzius schrieb auch mehrere Bücher, und deshalb kann man sich von dieser Zeit an eher auf die chinesischen Berichte verlassen. In Han's Dynastie richteten die Einfälle der Tataren große Verwirrung im chinesischen Reiche an, und die Töchter des Kaisers wurden ihnen zu Frauen gegeben; was die Tataren jedoch auch nicht besonders zufriedenzustellen schien.
In dieser Zeit geschah es auch, daß der Buddhismus, d.h. die Religion des Buddha, einer indischen Gottheit, in China eingeführt wurde.
Ming-te, ein Nachfolger von Kwang-Woo, hatte einen Traum, welcher ihn veranlaßte, nach dem Heiligsten, wie es Konfuzius vorausgesagt, im Westen zu suchen. Er schickte dann eine Gesandtschaft nach Hindostan, und einige Priester des Buddha kehrten mit ihr zurück und verbreiteten ihren Gottesdienst durch das chinesische Reich. Dies geschah in der Dynastie von Han, welche die Chinesen für die glorreichste ihrer ganzen Geschichte halten.
Die meisten jener acht Kaiser, die in der Dynastie von Sung regierten, waren selbstsüchtige, grausame Ungeheuer, eines Thrones unwert, und wurden auch fast sämtlich von ihren Untertanen ermordet. Das chinesische Reich wurde damals in zwei Hauptkönigreiche geteilt, die Wei-Prinzen, die Tataren waren, hatten den Norden mit Honân zu ihrer Hauptstadt, während die Sung-Prinzen den Süden hielten und in Nanking residierten. Die fortwährende Feindschaft, in der beide zueinander standen, ließ damals allerdings nicht erwarten, daß sie einander je freundlich gesinnt werden könnten.
Die damaligen Herrscher Chinas in ihren verschiedenen Dynastien von Tse, Luang, Chin und Suy machten es aber auch kaum anders als die übrigen gekrönten Häupter in der Welt; auch sie führten miteinander Krieg, um sich in aller Freundschaft an Land und Leuten wegnehmen zu können, was sich mit Ehren gerade nehmen ließ. Yang-keen unterwarf die nördlichen und südlichen Distrikte seiner Gewalt; die Tataren rückten jedoch immer mehr gegen die Küste vor. Yang-te war als Gelehrter berühmt und schrieb nicht allein über seine eigene, sondern auch über frühere Zeiten. Von Le-huen, einem berühmten General, der Kung-te-tung auf den Thron erhob, wurde er ermordet

Nach der Suy-Dynastie kam die von Tong, in welcher das Christentum die ersten, freilich noch sehr schwachen Wurzeln in China schlug; dieser folgten die How-leang-, How-tang-, How-tsin- und How-han-Dynastien. Während der Tang-Dynastie fielen die Türken mehrmals in die westlichen Provinzen ein, Tang-kaou-tsoo rettete aber durch seine Umsicht und Tapferkeit das Reich. Er verfolgte die Priester des Taou und Buddhu. Tantsung, sein Sohn, erweiterte sein Reich bis zu den persischen Grenzen, und unter seinen Nachfolgern blühten Literatur und Poesie. Choo-wam war der Anführer einer Räuberbande, er setzte Chaou-tsung ab und erhob Chaon-seuen-te auf den Thron, stieß ihn aber auch wieder davon und gründete die How-leang-Dynastie, indem er selbst den Herrschersitz (A.D. 709) bestieg und den Namen Lean-tae-tsoo annahm.

Hier nun folgt wieder eine Schreckenszeit, in der der Sohn den Vater und der Bruder den Bruder erschlug. Der erste Lichtblick ist die Dynastie von How-chow, die einen wackeren Kaiser hatte. Sein Name war Sche-tsung, der „Vater seines Volks". Er errichtete Schulen, nahm weise und gute Männer zu Ratgebern und tat, was in seinen Kräften stand, sein Volk glücklich zu machen. Mit Chaou-kwang-yin begann die Sung-Dynastie; er war ein Mann von Talenten, aber ehrgeizig und grausam. Man sagt, daß er das Blut von Millionen Tataren vergoß, um sie zum Gehorsam zu zwingen. Unter der Regierung Kin-tsungs plünderten die Tataren Peking und gründeten im Norden eine Dynastie unter dem Namen Kin. Le-tsung, der Genghis, eines Mongolen-Häuptlings Hilfe anrief, zerstörte 1225 diese Dynastie und vereinigte sie wieder mit dem Süden.

Die Mongolen versuchten nun China zu erobern, und Kublai, dem Mongolenherrscher, gelang es auch wirklich, 1279 den chinesischen Thron zu besteigen. Also begann die Thuen-Dynastie. Kublai war einer von Chinas mächtigsten Herrschern. Er errichtete eine Flotte von viertausend Fahrzeugen, um Japan zu unterjochen, der Tod aber machte seinen kühnen Plänen ein Ende.

Chuen-syuen-chang, ein Räuber, gründete die Ming-Dynastie, indem er den letzten Mongolenherrscher vom Throne stieß und selbst dessen Platz einnahm. Hier wurde dies ungeheure Reich nach langer Zeit nun wieder von einem eingeborenen Herrscher regiert, und hiermit folgen wir auch der chinesischen Geschichte bis 1368. Kaiser der Ming-Dynastie waren Ching-wha, Hung-sche, Ching-tih, Kea-tsing (unter dessen Regierung die Portugiesen China entdeckten und das Papsttum einführten) — Lungking, Wan-leih, Teen-ke und Tsung-ching, während deren Oberherrschaft Rebellion und Hungersnot ihre Schrecken über das Land sandte, und Cochinchina sich von ihm losriß.

Diesen folgte Le, ein tollkühner Räuber, der Besitz von der chinesischen Hauptstadt nahm und sich selbst zum Kaiser machte. Er gründete die Tatsing-Dynastie, wurde aber von Tsung-tih, einem Häuptling der Mandschu-Tataren, wieder vom Throne gestoßen. Tsung-tih starb ,und sein Neffe gelangte unter dem Namen Schun-che zur Kaiserwürde. Diesem folgte der berühmte Kang-he, dessen großer Geist die Herzen der Chinesen gewann. Er schlug die Mongolen und Kalmücken, verbesserte die Regierung und gründete mit starker Hand die noch jetzt bestehende Dynastie. Er starb 1723, nach sechzigjähriger Regierung.

Thungchin regierte nach Kang-he; er verbannte die Missionare der Jesuiten nach Kanton, weil er ihren wachsenden Einfluß und ihre Intrigen fürchtete. Nach ihm kam Kien-lung, oder Küen-lung, unter dem die Holländer, Engländer und Portugiesen in China Fuß zu fassen suchten, indem sie Gesandtschaften dorthin schickten. Er schien aber wenig Lust dazu gehabt zu haben, denn die Erfolge fielen für alle drei Mächte gleich trübselig aus. Wie Kang-he regierte er sechzig Jahre und trat dann zugunsten seines Sohnes Kea-king, im Jahre 1795 zurück. Auf Kea-king werde ich noch in einem späteren Kapitel zurückkommen; er starb 1820 und der gegenwärtige Kaiser Taou-kwang — oder „Sieg der Vernunft" — folgte ihm. Seiner Regierung war es vorbehalten, die Fortschritte zu sehen, die sich die „Barbaren" in seinem eigenen Lande und mit Waffengewalt erzwangen, und wie er sich da herauswinden wird, muß die Folge lehren.

Sechstes Kapitel

Meine jungen Leser haben gewiß schon so viel über Opium gehört, wie die Chinesen die Einfuhr desselben verboten und wie sie die Engländer erzwungen hätten, wie Opium Gift sei und wie es die Leute dort rauchten und verzehrten, so daß sie gewiß wünschen werden, etwas Näheres darüber zu erfahren.

Die Türken verschlucken, die Chinesen rauchen es, aber verschluckt oder geraucht, behält es seine betäubenden Eigenschaften bei und gleicht darin unsern spirituösen Getränken, die ebenso schädlich und nachteilig auf die Gesundheit einwirken, wie das Opium jener fremden Nation.

Dieses nun ist, wie ihr vielleicht alle wißt, der Saft des weißen Mohns. In der asiatischen Türkei sowie in Bengalen und Malwa in Ostindien werden ungeheure Flächen mit diesem Mohn bepflanzt, und zwar einzig und allein, um Opium daraus zu sammeln. Wenn die Kapseln oder Köpfe desselben noch unreif sind und ihren milchigen Saft haben, müssen Leute in das Feld geschickt werden — und man benötigt zu diesem Zweck eine ungemeine Anzahl — eben diese Köpfe mit einem doppelklingigen Messer, einer Art Lanzette, anzuschneiden oder aufzuritzen, damit der Saft herausquillt. Er bleibt in kleinen Knoten oder Perlen hängen, bis ihn die Sonne trocknet, und dann gehen die Arbeiter wieder herum und schaben ihn vorsichtig ab, und das ist das Opium, von dem ich sprechen will. Nun wird das zum Rauchen bestimmte jedoch noch einmal gereinigt, und der abfallende Teil an die armen Klassen verkauft oder mit Tabak oder Cheroots (ostindische Zigarren) vermischt.

Nachdem ihr nun gehört habt, was Opium überhaupt ist, will ich euch die Art beschreiben, auf welche der Opiumhandel bis jetzt betrieben wurde.

In früheren Zeiten führte man Opium offen nach China ein, und zwar als ein medizinisches Heilmittel, denn es gibt nichts auf der Welt, und sei es das Schädlichste und Bösartigste, das nicht auch wieder, wenn weise angewendet, seine nützlichen und guten Eigenschaften hat. Das giftigste Kraut, die tödlichste Pflanze kann in Krankheitsfällen, in dem gehörigen Maße gebraucht, von segenreichster Wirkung sein, und auch das Opium ist, besonders als schmerzstillendes und beruhigendes Mittel, eine herrliche Arznei.

Obgleich man nun, wie eben gesagt, Opium als Medizin in China einführte, so wurde es doch seiner narkotischen Eigenschaften wegen bald zum Luxusartikel, und damals legte man förmliche Depots oder Handelsschiffe in Whampoa vor Anker, um das Opium den nach Ostindien dafür ausgesandten Klippern (im ganzen schnellsegelnde Fahrzeuge und deshalb oft der Name einzelner Boote) abzunehmen. Von diesen Depotschiffen wurde es dann in Booten ans Ufer geschafft.

Im Jahre 1820, glaube ich, war es, daß die chinesische Regierung eine Proklamation erließ, nach welcher Opium nicht mehr nach China eingeführt werden dürfe. Allerdings hätte das eigentlich schon früher geschehen sollen, denn das chinesische Volk hatte sich nun schon an dieses Gift gewöhnt, dessen Wirkungen für ihr geistiges wie körperliches Wohl gleich verderblich wurden. Die Opiumlagerschiffe mußten also deshalb auch ihren Ankerplatz verlassen und den Fluß weiter hinabgehen. Ihren Ankerplatz nahmen sie an der Insel Lintin, wenn aber die Jahreszeit der Taifune oder heftigen Stürme heranrückte, dann zogen sie sich, größerer Sicherheit wegen, nach Cum-sing-moon zurück, wo sie einen trefflichen Hafen fanden, der durch das feste Land und die Insel gebildet wurde, und ihnen bei jedem Wetter den vollkommensten Schutz gewährte.

Eine lebhaftere oder geschäftigere Szene als die Cum-sing-woon dann war, läßt sich kaum denken. Schiffe aller Arten lagen dort vor Anker, unter ihnen die Depotschiffe, während Klipper und andere Fahrzeuge den kostbaren, aber nur zu schädlichen Stoff herbeiführten. Eine Unzahl chinesischer Schmuggelboote fuhr dabei hin und her, und ganz eigentümlich sahen diese aus, mit ihren schlanken, sechzig bis achtzig Fuß langen Verdecken, ihren hohen Masten, Mattensegeln, überzogenen Decken und galeerenartigen Rudereien. Hin und her fuhren sie, wie Bienen sammelten sie aus den dort stationierten Schiffen die gefährliche Masse ein und die roten, weißen und blauen Mützen der regelmäßig Rudernden stachen wunderlich gegen das übrige unordentliche Treiben an Bord derselben ab. Wohin man auch sah, überall verkündeten besonders die Verdecke der auswärtigen Fahrzeuge großen Reichtum, der sich in den ungeheuren und so kostbaren Warenmassen zeigte. Kuchen von Malwa-Opium, Ballen von Benares und Patna, Kisten von Sycee oder Silberklumpen; Säcke mit Dollars und Opiumkästen lagen nach allen Richtungen hin aufgestapelt.

Nun möchtet ihr vielleicht denken, daß das Schmuggelwesen, da die chinesische Regierung doch die Einführung des Opiums streng verboten hatte, hauptsächlich bei Nacht getrieben wurde; aber Gott bewahre, im hellen Tageslicht glitten sie hin und her, nahmen ihre verbotenen Waren an Bord und fuhren so offen und keck damit stromauf, als ob auf die Einfuhr des Opiums noch eine Prämie gesetzt sei. Was aber war die Ursache hiervon? Die chinesischen Admirale, Mandarine und Zollbeamten, deren Pflicht es gewesen wäre, den Handel zu hintertreiben, hätten bei seinem Aufhören fast ebensoviel gelitten, wie die fremden Kaufleute jetzt, da er verboten worden war. So wurde keine Kiste, ja fast kein einziges Pfund Opium verkauft, ohne daß sie durch eine gewisse Summe, die man der Bequemlichkeit wegen festsetzte, bestochen worden wären. Manchmal kamen sie freilich mit ihren Fahrzeugen stromab und drohten den Barbaren mit einer Truppenanzahl, die sie gegen sie aussenden würden; diese wußten aber schon, wie sie am besten jeder Feindseligkeit begegneten, und die wackeren Diener ihres Herrn kehrten dann jedesmal befriedigt wieder zurück und sandten dem Hofe die herrlichsten Berichte ein, wie treu und aufmerksam sie die Küste bewachten.

Ein Beispiel möchte ich hier aufführen, das dem Leser einen kleinen Begriff geben wird, wie sich die chinesischen Beamten der Regierung gegenüberzustellen wußten, so daß diese immer glauben mußten, sie versähen ihren Dienst wirklich mit viel Eifer. Sie bestraften nämlich das Schmuggeln auf das strengste, ohne jedoch zu gleicher Zeit dem System selbst das geringste weitere Hindernis in den Weg zu legen. So wird mit guter Autorität erzählt, daß ein chinesischer Magistrat bei einer gewissen Gelegenheit dreizehn Schmuggler enthaupten ließ, gleichzeitig aber einen Boten an die Fremden sandte, der ihnen sagen mußte, sie sollten ja nicht glauben, daß das Vorgegangene etwas in seinen Gesinnungen ändere; er würde die Einfuhr des Opiums noch nach wie vor unter den früheren Bedingungen gestatten.

Wer war nun schlimmer, die Fremden, die reinen Geldgewinnes wegen das von der Regierung verbotene Gift nichtsdestoweniger in ein friedliches Land trugen, oder die eigne Obrigkeit desselben, die für sein Wohl hätte sorgen sollen, es aber ebenfalls wieder schnöden Goldes wegen mit einer andern Nation hielt und dadurch dieser jetzt den Weg in das eigne Land bahnte?

Doch die Tatsache ist da, das Opium wird einmal in ungeheuren Quantitäten eingeführt und geraucht, und ich will deshalb den jungen Lesern mitteilen, wie das geschieht und wie die Wirkungen desselben sind.

Der Opiumraucher, den wir hier ganz gemütlich neben seinem Tisch sitzen sehen, nimmt aber diese Stellung nicht dann ein, wenn er sich dem Genuß ganz und in seiner vollen Wirkung hingeben will; dann liegt oder lehnt er mehr auf einem schräg angebrachten Ruhebett, das eine Art höherer Kissen für den Kopf enthält, und hat neben sich, wie auch hier, seine Elfenbein-Opiumdose, seine Lampen und die fünf bis sechs Zoll langen Stahl- oder Silbernadeln. Das Rohr seiner Pfeife ist etwa anderthalb Fuß lang und einen Zoll im Durchmesser. Die Mundspitze von Elfenbein, Horn oder Bernstein, während das untere Ende mit Kupfer oder Silber bedeckt wird.

Auf dieses paßt ein Kopf von feinem irdenen Ton, drei Zoll im Durchmesser und von der Gestalt eines flachgeschlagenen Rettichs, mit einem Loch im oberen Teil, das kaum größer als ein starker Stecknadelkopf ist. In diese kleine Öffnung wird nun das Körnchen Opium, nachdem es zuerst mit der

Nadel an die Lampe gehalten ist, hineingetan, und der Raucher zieht den Duft ein, muß jedoch die Pfeife immer wieder der Flamme nahebringen, solange sein Rauchen dauert, da die Masse sonst verlöschen würde.
Die Zeit nun, in der sich Leute diesem Genuß hingeben können, ist sehr verschieden; manche brauchen ganze Stunden, um zu einer völligen Bewußtlosigkeit, dem ersehnten Ziel dieses Giftes, zu gelangen. Andere fühlen sich schon nach zwei oder drei Zügen betäubt, und die Gewohnheit hat hier, gerade wie bei tausend andern Sachen, einen ähnlichen Einfluß. Nur die Reichen sind übrigens imstande, bei jedesmaligem Rauchen eine frische Masse zu nehmen; sorgfältig werden dabei die Überreste ihrer Pfeife für die Armen gesammelt. Die Opiumrohre werden oft durch Wasser oder eine andere wohlriechende Flüssigkeit geleitet, damit sich der Dampf abkühlt, wie das ja auch die türkischen oder indischen Raucher in ihren Hukas haben.
Das Laster des Trunks übt seinen verderblichen Einfluß auf den aus, der sich ihm ergibt; fast noch schrecklicher aber zeichnet das Opium seine Opfer, und die bleiche eingefallene Wange, die schwache zitternde Stimme und das hohle Auge verkünden nur zu deutlich den verderblichen Einfluß, den dieses Gift auf seine Nerven ausübt.
Ebenso traurige Szenen wie die unter den Trunkenbolden unserer christlichen Länder, finden dabei auch unter den Opiumrauchern statt. Um alles Aufsehen zu vermeiden, werden deshalb auch diese Höhlen meistens im Verborgenen gehalten, und der Fremde sieht nichts davon, wenn er sich nicht die Mühe gibt sie aufzusuchen. Mit dem Opiumrauchen ist es aber wie mit allen übrigen Lastern, mit einer Kleinigkeit fängt man an; gering ist erst die Wirkung, der man sich hingibt, und mit der Zeit, mit der steten Bekanntschaft desselben wächst nachher das Verlangen danach, ja wird sogar zuletzt zur fürchterlichen, nicht mehr bezwingbaren Leidenschaft, die ihre Opfer kalt und erbarmungslos ins Verderben stürzt.
Manche haben, um das Übel zu beheben, vorgeschlagen, dem Opium freie Einfuhr nach China zu gestatten und vielleicht nur eine hohe Steuer darauf zu legen; andere wollen wieder das Christentum anheben, um durch dessen moralischen Einfluß jenes Laster zu vernichten; das eine wie das andere würde aber wohl gleich erfolglos sein; das erstere vernichtete nur das Schmuggelwesen, und das Christentum ist nicht einmal in unserem aufgeklärten Deutschland imstande gewesen, das Laster des Trunks zu verbannen; es läßt sich also auch nicht annehmen, daß die Chinesen, mag ihnen noch so sehr ins Herz gesprochen werden, etwas unterlassen würden, das ihnen jetzt fast zur zweiten Natur geworden ist.
Als die chinesische Regierung beschlossen hatte, den Opiumhandel aufzuheben, ermahnte sie die Engländer, ihre Stationen zu verlassen, und warnte sie zugleich vor den Folgen, die in diesem Fall Ungehorsam nach

sich ziehen würde. Der Name des Admirals, der die Fokien-Flotte befehligte, war Chin, und der Kommandant der Garnison von Kummih und mehrerer anderer Forts hieß Tow. Chin und Tow schienen denn auch, ihren kräftigen Proklamationen nach, gar tapfere Burschen und meinten es auch vielleicht recht ernsthaft. Freilich waren ihnen diese Fremden in der Kunst der Kriegführung überlegen und nicht gesonnen, einen solchen gewaltigen Vorteil, wie ihn der Opiumhandel gewährt, so leicht aufzugeben. In der Proklamation sagten die Chinesen, in ihrer allerdings übertriebenen Sprache, etwa Folgendes:
„Um die Grenzen unseres Landes werden wir tausend Kriegsschiffe pflanzen und auf den ersten Ruf sollen sich diese wie ein Gewitter über euren Häuptern entladen. Der Übermacht könnt ihr nicht widerstehen und wenn der Admiral und der Kommandant der Forts ihre furchtbaren Kräfte vereinigen, so werdet ihr ihren Angriff nicht aushalten können. Wir möchten euch nicht gern kaltblütig morden und zeigen euch daher die Folgen, die euer Ungehorsam für euch haben müßte. Das Beste also, was ihr tun könnt, ist, euch schnell und folgsam zurückzuziehen, was uns freuen wird wenn wir es hören."
Ich könnte euch hier leicht und mit wenigen Worten die Wirkung schildern, die dieser Befehl sowohl auf die Engländer hervorbrachte, als auch was das Resultat dieser Verhandlungen war; da aber der jetzige chinesische Krieg die Folge davon ist und in seiner Wirksamkeit so bedeutend wurde, so muß ich schon etwas weiter dazu ausholen.

Siebentes Kapitel

Ehe ich hier die englische Expedition nach China erwähne, möchte ich etwas von dem vorigen Kaiser sagen. Er war der Sohn des Kaisers Kienlung, der ihm nach sechzigjähriger Regierung den Thron überließ und seinerzeit einer der besten Regenten gewesen sein soll, die das chinesische Reich je gehabt hat. Kea-king folgt aber nicht seines Vaters tugendhaftem Beispiele, denn er wurde ein böser und unwürdiger Erbe des wackeren Mannes. Anstatt der kaiserlichen Würde Ehre zu machen, schändete er sie und wurde ein Gegenstand des Hasses und der Verachtung. Seine Grausamkeit, die Entheiligung der Tempel und seine Feigheit machten ihn bei seiner ganzen Umgebung verhaßt, und damit zufrieden, seinen eignen Vergnügungen nachgehen zu können, überließ er die Sorge des Staatswohls gerne denen, die sich damit befassen wollten, also natürlich solchen, die ihren Vorteil dabei sahen. Revolution nach Revolution brach deshalb aus.

Ein Beispiel seiner Grausamkeit muß ich hier erwähnen.

Ein Eunuch, der viele Jahre lang ein Diener Kien-lungs gewesen und von ihm sehr begünstigt worden war, wurde, bei einer Verschwörung beteiligt, entdeckt, und Kea-king, auf das äußerste darüber empört, beschloß den elenden Verbrecher auf unerhörte Art zu züchtigen. Der Unglückliche wurde mit Leinen und Stricken umwunden und dann mit Talg und andern brennbaren Gegenständen dicht bestrichen, so daß er ein förmliches Licht oder eine Art Fackel bildete, und diese wurde nun am Grabe des damals verstorbenen Kien-lung angezündet.

Kea-king beklagte sich oft, daß ihn seine parteiischen Minister und Hofleute mit Spionen umgäben, allerdings mochte ihm auch wohl sein Gewissen sagen, daß sich seine Handlungen gar nicht damit vertrügen, ans Licht gezogen zu werden. Nichts destoweniger tat er doch so ziemlich alles, was er wollte, und kümmerte sich weder um seine Räte noch Minister.

So widersetzten sich z.B. einige dieser letzteren einer Reise, die er in die Mandschu-Tatarei beabsichtigte; er aber, nicht gesonnen, sich ihrem Willen zu fügen, erließ einfach ein Gesetz, in welchem er ganz allgemein angab, daß, wenn je ein Staatsminister in China es wagen würde, seinem Herrn zu raten, die tatarischen Provinzen nicht zu besuchen, dieses als ein todeswürdiges Verbrechen angesehen und danach bestraft werden solle. Ich brauche wohl nicht noch hinzuzufügen, daß seine Minister von dem Augenblick an mit der Reise vollkommen einverstanden waren.

Kea-king starb am 2. September 1820, und ein blaugesiegeltes Dokument von Peking verkündete, daß er in Je-ho (der warme Fluß) ein Himmelsgast geworden wäre. Man vermutet übrigens, daß er keines natürlichen Todes gestorben, sondern durch einen aus seiner Umgebung, der seine Rache vielleicht zu fürchten hatte, ermordet worden sei; nach den chinesischen Sitten aber, legte die ganze Nation seinetwegen Trauer an und ein chinesischer Kaiser ist wohl auch die einzige Person auf Gottes weiter Erde, um dessen Tod, wenigstens öffentlich, dreihundert Millionen trauern.

Am 19. Dezember 1820 kamen um Mitternacht, durch einen kaiserlichen Kurier, zwei Depeschen an und brachten die Befehle, daß seiner verstorbenen Majestät Name in Zukunft heilig gehalten und in gewöhnlichen Fällen, um ihn vor Profanation zu bewahren, anders buchstabiert werden solle.

Ferner enthielten diese auch den Titel, wie man seine verstorbene Majestät im Anreihen an seine Ahnen zu nennen habe, und zwar: der „allergütigste und allerweiseste" Kaiser.

Das Testament Kea-kings ist übrigens ein zu merkwürdiges Dokument, und gibt zu viele Aufschlüsse über vergangene Begebenheiten, um hier nicht mitgeteilt zu werden. Es lautet:

„Der große Kaiser, der von dem Himmel und der wiedererzeugenden Natur die Herrschaft der Welt erhielt, erklärt hiermit dem Kaiserreich seinen Willen.

Als ich, der Kaiser, dankbar von Seiner höchstseligen Majestät Kien-lung, jenem gewaltigen und tugendhaften Herrscher, das Kaiserliche Siegel erhielt und ihm auf den Thron folgte, so erfreute ich mich noch drei Jahre nach diesem Augenblicke seiner persönlichen Lehren.

Ich habe bedacht, daß die Grundlagen eines Landes und das große Prinzip einer gesellschaftlichen Ordnung darin bestehen, den Himmel zu ehren, unsern Vorfahren zu folgen und freundlich gegen das Volk zu sein.

Seit ich meine Würde angetreten, habe ich es mit der größten Sorgfalt verwaltet und mich stets erinnert, daß der Himmel Prinzen des Volkes wegen erzieht, und daß die Pflicht es zu ernähren und zu belehren auf sein einziges Haupt gelegt wurde.

Als ich zuerst die Regierung übernahm, waren die Rebellenbanden in den Provinzen von Sze-huen, Schen-see und Hoo-kwang noch nicht ganz beruhigt und ich mußte die Offiziere und Soldaten nicht allein über ihre Pflichten unterrichten, sondern sie auch vier Jahre zu immer erneuten Anstrengungen treiben, bis es ihnen endlich gelang, wieder Ruhe und Ordnung herzustellen. Jede Stadt, jedes Dorf fand nun Freude an der ihm angewiesenen Beschäftigung, und sie alle, wie ich selbst, waren mit Ruhe und Ordnung gesegnet.

Aber im achtzehnten Jahre meiner Regierung gab sich das Volk wiederum unruhigen Empörungen hin und drängte sich sogar in das geheiligte Tor des Palastes; die Rebellen vereinigten sich mit dem Thaou- und Hwa-Distrikten und breiteten sich über drei Provinzen aus. Die Führer wurden jedoch, dank sei der Hilfe des Höchsten, vernichtet; die übrigen zerstreut oder ausgerottet und in weniger als zwei Monaten aufs neue die Ruhe hergestellt.

Der Gelbe Fluß ist, seit alten Zeiten bis jetzt, Chinas Sorge gewesen. Sobald in Yun-te und Kwan-hea die Mündungen des Flusses sich durch Sandbänke stopften, so trat er selber aus Banden und Ufern und überschwemmte zum Entsetzen des Volkes das Land. Bei solchen Gelegenheiten habe ich nie die kaiserliche Börse geschont, sondern den Fluß eindämmen und in sein früheres Bett wieder zurückweisen lassen. Seit die frühere Herstellung des Stromes mir berichtet wurde, verflossen sechs oder sieben Jahre in ungestörter Ruhe; im letzten Herbst aber stieg nach dem gewaltigen Regen das Wasser wiederum zu einer unnatürlichen Höhe, und in der Ho-nan-Provinz zerriß die Flut an mehreren Stellen die Ufer, sowohl an der Süd- wie Nordseite, und der Woo-che erzwang sich einen Kanal nach der See. Der dadurch veranlaßte Schaden war ungeheuer. Das habe ich ausbessern lassen; aber im Frühling dieses Jahres hörte ich, das südliche

Ufer des E-sung sei wiederum geborsten. Befehle sind jetzt gegeben, nach dem Herbst sogleich die Arbeit zu beginnen, und Geld genug ist dazu ausgesetzt, so daß wahrscheinlich bis zum nächsten Frühjahr alles in Ordnung sein kann.

Besondere Aufmerksamkeit habe ich dem Leben meiner Untertanen zugewandt und so viel als möglich jedes einzelne derselben bewahrt. Als heftiger Regen oder Dürre manche Teile meines Kaiserreiches heimgesucht, erleichterte ich die Taxe und teilte Getreide aus; sobald nur das Gerücht von Not zu mir drang, war auch Hilfe nicht fern.

Im letzten Jahr, am sechzigsten Jahrestag meiner Geburt, als meine öffentlichen Beamten und das Volk mir seine Glückwünsche brachten, sann ich darauf, was ich ihnen wohl Gutes erweisen könne und proklamierte endlich einen Erlaß aller Schulden von Landtaxen, der sich auf mehr als zwanzig Millionen belief. Dabei wünschte ich, daß jede Familie und jedes einzelne Individuum Überfluß an allem haben möge und alle Ränge zusammen die Höhe der Freude erklimmen konnten.

In diesem Jahr, während Frühling und Sommer, haben die Regen nur dazu gedient, die Fruchtbarkeit zu fördern; aus allen Provinzen ist mir verkündigt worden, daß es Überfluß gäbe; das hat meinem Herzen ungemein wohlgetan.

In der Mitte des Herbstes, während ich ehrfurchtsvoll den Vorschriften meiner Ahnen gehorchte, begab ich mich nach Muhlan auf einen Jagdzug und hielt, um die Mittagshitze zu vermeiden, in dem kleinen Bergschloß. Bis dahin habe ich mich einer starken Gesundheit erfreut und konnte Hügel und Berge hinauf- und herabklettern, wie die Ebenen durchstreifen und die Flüsse befahren, ohne unangenehme Folgen davon zu spüren. Bei dieser Gelegenheit hatte mich aber die übermäßige Hitze zu sehr angegriffen, und gestern, als ich mein Pferd über den Kwang-jin-Berg trieb, fühlte ich, wie mich die Krankheit erfaßte, und wie ich wohl nicht wieder genesen würde. Gehorsam aber den dahingeschiedenen Weisen meiner Familie, hatte ich schon im vierten Jahre meiner Regierung, im vierten Monat, am zehnten Tag um fünf Uhr morgens einen Thronerben ernannt, welche Ernennung ich selbst versiegelte und in einem geheimen Kästchen aufbewahrte.

Als die Rebellen im achtzehnten Jahr die Mauern des Palastes zu erklettern versuchten, da feuerte der kaiserliche Erbe und schoß zwei von ihnen mit eigner Hand nieder, was die übrigen in Entsetzen auseinandertrieb, so daß die Ruhe des kaiserlichen Platzes nicht weiter gestört wurde. Das Verdienst dieser Tat war sehr groß; da ich es aber damals nicht bekannt machen wollte, daß ich ihn zum Erben eingesetzt, so gab ich ihm bloß den Titel des ‚Weisen' und belohnte dadurch, für damals wenigstens, diesen außerordentlichen Dienst.

Die gegenwärtige Krankheit wird meinem Leben ein Ende machen; das himmlische Werkzeug (der Thron) aber ist zu wichtig und muß einem andern übertragen werden; deshalb befehle ich allen Ministern meiner kaiserlichen Gegenwart, allen Staatsmännern, allen meinen Hausbeamten, dem ganzen Kriegsministerium, sich zu versammeln und meinen kaiserlichen Willen zu eröffnen. Der kaiserliche Erbe ist gut, weise, edel und tapfer und wird imstande sein, der ihm anvertrauten Würde Ehre zu machen. Die Pflicht eines solchen Prinzen besteht darin, den Charakter eines Volkes kennenzulernen und ihm Ruhe zu geben. Lange wohl habe ich dieses Ziel im Auge gehabt, aber schwer ist es, dies immer auszuführen. Er möge das wohl in seinem Herzen überlegen und treu dabei ausharren. Mögest du, o mein Sohn, dich zum Guten und Tugendhaften wenden. Liebe und ernähre das schwarzhaarige Volk und bewahre deinen Ahnen Herrscher bis zu Myriaden von Menschenaltern.

Ich bin zu der hohen Ehre berufen gewesen, der Sohn des Himmels zu sein. Meine Jahre haben sich über die sechs mal zehn hinausgedehnt und wohl kann ich das Glück, das ich genossen, groß nennen. Ich hoffe, mein Nachfolger wird imstande sein, dem Ziel, das ich mir gesteckt, zu folgen, was die Welt dahin bringen würde, sich der Glückseligkeit vollkommener Ruhe zu erfreuen. Wäre das der Fall, so würden alle meine Wünsche befriedigt sein.

Als ich das Kaiserliche Siegel empfing, hatte ich drei Brüder, zwei ältere und einen jüngeren. Im Frühling dieses Jahres schied mein königlicher Bruder King-thin zuerst aus diesem Leben, und es blieben mir nur die königlichen Brüder E-thin und Ching-thin; diese wurden mehrerer Vergehen halber ihrer Apanagen beraubt, welche Strafe jedoch hiermit zurückgenommen ist.

Der Schoo-king erzählt, daß der alte Kaiser Yu seine Laufbahn mit einem Jagdzug schloß; mein Schicksal ist also das meines Vorgängers gewesen; dieser Platz auf Lwang-yong ist ebenfalls ein Ort, der nach der Hofetikette jedes Jahr durch die kaiserliche Gegenwart gesegnet werden muß; auch wurde hier meines Vorgängers Höchstselige Majestät geboren; warum sollte ich mich beklagen, daß ich hier sterben muß?

Laßt die Staatstrauer angelegt werden, wie es von frühern Zeiten her gebräuchlich war, und zwar nur auf siebenundzwanzig Tage; kündigt dies meinem Kaiserreich an und macht, daß jeder es höre.

       Kea-king, 25. Jahr 7. Monat 25. Tag."

Ihr denkt vielleicht, daß die Sprache dieses Testaments und die früher erwähnten Taten desselben Mannes nicht recht zusammenstimmen, wenn ihr aber erst einmal im Leben mehr Erfahrungen gesammelt habt, so werdet ihr das leichter begreifen; es ist auch nicht alles wahr, was Hofleute ei-

nem toten Kaiser — dem chinesischen natürlich — nachsagen, und das schon früher erwähnte unsinnige Zeremoniell mag wohl die Ursache sein, daß sie da so ganz verschieden von unsern Hofleuten sind, von denen sich wohl keiner zu einer faden Schmeichelei herablassen würde; u n s e r e Hofleute sind nie fade.
Es ist doch etwas Schönes um so einen kaiserlichen Nachlaß.

Achtes Kapitel

Ich habe schon in einem früheren Kapitel das erwähnt, was zuerst an dem chinesisch-englischen Kriege die Schuld trug — die Einfuhr des Opiums, und da diese doch die erste, ja eigentlich die Hauptursache desselben war, so wird er jetzt nicht selten der Opiumkrieg genannt.
China hat auch schon seit langen Jahren Großbritannien, wie auch fast die ganze übrige Welt, mit Tee versehen, da die Bewohner des himmlischen Reichs aber, wie sie sich in heidnischer Bescheidenheit nennen, Fremde stets als ihnen in jeder Hinsicht untergeordnete Wesen betrachten, so fanden nicht selten recht häßliche Auftritte statt, an denen jedoch die Engländer, als die Schwächern, wenig ändern durften, da sie sich sonst der Gefahr ausgesetzt sahen, den ganzen Teehandel zu verlieren. Wie die Sachen standen, so konnte es kaum ausbleiben, daß eine Reibung zwischen den beiden Staaten die Folge sein müsse und diese fand denn auch wirklich statt. Die Gärung, die schon seit langen, langen Jahren gekocht, brach sich endlich 1840 offene und freie Bahn.
Viele behaupten nun, der Krieg sei einzig und allein deshalb ausgebrochen, weil die Engländer die Chinesen zum Gebrauch des giftigen Opiums förmlich zwingen wollten, und überhaupt, das fremde harmlose Volk auf unverantwortliche Weise beleidigt und unterdrückt hätten. Wieder andere versichern das Gegenteil und meinen, die Engländer hätten sich in China stets ruhig und bescheiden benommen, und nur die Arroganz und Anmaßung der Chinesen sei endlich so unerträglich geworden, daß sie England zu ernstlichen Maßregeln zwang.
Das erste ist unbezweifelt wahr, das zweite möglich, doch wir wollen uns hier nicht in politische Streitigkeiten wegen des einen und andern einlassen, sondern nur den Erfolg betrachten, den die Expedition nicht allein für China, sondern auch für England, und vielleicht später für die ganze Welt hatte.
Ehe England durch seine fast zur Vollkommenheit gebrachten Maschinerien imstande war, wollene und baumwollene Waren mit Erfolg nach Chi-

na einzuführen, mußte es für den größten Teil des ausgeführten Tees gute spanische Dollars bezahlen, und gewaltige Summen gingen damals nach China ein. Allerdings ist der Teebedarf in letzter Zeit gewachsen; dennoch hat sich mit England das Blatt gewendet, es zieht nun das Silber wieder ein, was es früher auszahlte, denn die Opium-Einfuhr ist zu fast unglaublicher Masse angestiegen.

Im Jahre 1776 wurden etwa 1000 Kisten Opium nach China eingeführt, 1837 dagegen nicht weniger als 40.000, für welche die Bewohner des himmlischen Reiches 25 Millionen Dollar zu bezahlen hatten. Seit dieser Zeit hat sich der Handel dieses Artikels, wenn auch nicht mehr so bedeutend, doch noch fortwährend gemehrt.

So betrug im Jahre 1838 der Ein- und Verkauf etwa folgende Summe:

An Opium, Metallen und Baumwolle verkauft .... £ 5.637.052
An Tee und andern Artikeln dagegen ausgeführt .... £ 3.147.481
Bilanz .... £ 2.489.571

Das ergibt denn eine Summe von über 2 Millionen Pfund Sterling zugunsten der Engländer, die größtenteils in Silber bezahlt ward. In jener Zeit mochten denn auch wohl die Chinesen zum ersten Mal, als sie, anstatt Geld zu empfangen, fast neun Millionen Dollar zu bezahlen hatten, einsehen, wie töricht sie gehandelt, den Verkauf des Opiums zu gestatten, von dem jetzt die Bewohner des himmlischen Reichs förmliche Schätze in die Luft hineinpafften.

Der mit außerordentlichen Vollmachten nach Kanton geschickte chinesische Gouverneur Lin, ergriff also zur Unterdrückung des Opiumhandels die nachdrücklichsten Maßregeln und erließ unter anderm am 13. März 1839 ein Edikt, in dem er die Auslieferung alles in englischen Schiffen und Magazinen befindlichen Opiums verlangte.

Hierin war ihm bereits Kapitän Elliot vorangegangen, der, um die großen Vorteile, welche der Handel mit China England brachte, nicht zu verlieren, den Opiumhandel, der überdies nur als Schleichhandel betrieben wurde, ebenfalls schon 1837 gänzlich verboten hatte.

So sahen sich die englischen Kaufleute in Kanton genötigt, ihre Vorräte an Opium den chinesischen Behörden auszuliefern, und über 20.000 Kisten, im Wert von vier Millionen Pf.St., wurden von den Chinesen verbrannt.

Die englischen Kaufleute wurden in Bezug auf Entschädigung für ihren Verlust von Elliot an die englische Regierung gewiesen, die diese Forderung aber nicht anerkannte.

Ein Streit zwischen englischen Matrosen und Chinesen, wobei einer der letzteren getötet wurde, verschlimmerte noch die Lage der Engländer in Kanton. Da die Engländer sich weigerten, den Schuldigen auszuliefern, verbot Lin, den Engländern sowohl in Kanton als in Macao Lebensmittel

zukommen zu lassen, und Ende August 1839 verließen sämtliche Engländer Macao und begaben sich auf die Schiffe bei Hongkong. Bei einem Versuche der Engländer, sich Lebensmittel zu verschaffen, kam es mit den Chinesen zu Feindseligkeiten, worauf Lin den Eingeborenen befahl, sich zu bewaffnen und die Engländer zu vernichten.
Vergeblich versuchte Elliot einen gütlichen Vergleich herbeizuführen. Vielmehr lief der chinesische Admiral Kuang mit 29 Kriegsschunken aus, um sich der englischen Kriegsschiffe zu bemächtigen; wurde aber mit einem Verluste von 6 Fahrzeugen bis Tschum-pi zurückgeschlagen. Die natürliche Folge dieser feindseligen Berührungen war Aufhebung allen Handels mit den Chinesen, und erhöhte Erbitterung von seiten der Chinesen gegen die Engländer. Elliot machte wiederholte Versuche, mit dem chinesischen Gouverneur in friedliche Unterhandlung zu treten, doch vergeblich. Er wurde mit einigen andern Engländern, die sich noch in Macao aufhielten, Anfang Februar 1840 durch den chinesischen Feldherrn Yih von dort vertrieben, und die chinesische Flotte suchte sogar am 28. Februar die englischen Schiffe bei nächtlicher Weile in Brand zu stecken, was indes ebensowenig gelang.
Jetzt erklärte England China förmlich den Krieg; eine englische Flotte erschien am 28. Juni unter Admiral Elliot vor Kanton und blockierte den Fluß Tigris, während ein anderer Teil der englischen Streitmacht am 5. und 6. Juli die Insel Chu-san besetzte, die Hauptstadt Ting-hai einnahm, Amoy beschoß und seine Festungswerke vernichtete. Darauf segelte Admiral Elliot nach den nördlichen Gewässern Chinas und lief am 11. August in den nach Peking führenden Fluß Pe-ho ein, um die Übergabe von Elliots Depeschen an den Kaiser zu erzwingen, deren Annahme Lin in Kanton verweigert hatte.
Das Resultat dieses Angriffs war denn auch das erwartete. Die Chinesen staunten nicht wenig, die Kriegsschiffe der Fremden in ihren Flüssen zu sehen, und zum ersten Mal mochte sich ihnen die Überzeugung aufdrängen, daß sie doch nicht so unüberwindlich seien, wie sie es bis dahin geglaubt zu haben schienen. Kein Wunder auch, daß die chinesischen Batterien, eine nach der andern, zerstört wurden, daß Kanton genommen, die Chu-san-Inselgruppe und die bis dahin für unüberwindlich gehaltene Stadt Ting-hai erobert wurden.
Die Chinesen hatten Batterien in Überfluß und erwarteten wahrscheinlich auch, daß die Forts der Bocha Tigris und der Hoo-moon, gewöhnlich nur die Bogue genannt, die englischen Schiffe vernichten sollte; aber weder diese, noch ihre über die Ströme gezogenen Ketten und versenkten Dschunken, noch ihre ungeheuren Flöße konnten die Barbaren und ihre Schiffe aufhalten. Sieg nach Sieg zeigte nur zu deutlich die Unerfahrenheit der Chinesen, sich mit Europäern in der Kriegskunst zu messen.

Als die Mandarine nun die für sie so fürchterlichen Erfolge der Briten sahen, stieg doch der Gedanke in ihnen auf, daß sich das himmlische Reich in Gefahr befinde, von diesen Barbaren gestürzt zu werden, und sie begannen Unterhandlungen anzuknüpfen. Selbst aber in der Zeit, in welcher diese im Werke waren, suchten sie alles in ihren Kräften stehende zu tun, den Feind zu vernichten. Falsche Gerüchte wurden verbreitet, Brander gebaut, Brunnen vergiftet, selbst vergifteter Tee den Fremden in die Hände gespielt und das Volk durch Waffenrufe und sonstige Proklamationen so aufgeregt, daß die Engländer jetzt, ihrer eignen Sicherheit wegen, ernsthafte Maßregeln ergreifen mußten. Sie nahmen deshalb am 25. Februar 1841 die Forts an der Bocha Tigris, zerstörten die chinesischen Dschunken, drangen am 28. März bis Kanton vor und erstürmten die Vorstadt der Faktoreien.

Abermals baten die Chinesen jetzt um Waffenstillstand, der ihnen auch unter den folgenden Bedingungen gewährt wurde:

Erstens, Abtretung der Insel und des Hafens Honkong an die britische Krone, und alle Hafenkosten wie dem Kaiserreich zu entrichtenden Steuern so zu stellen, als ob der Handel in Whampoa stattfände.

Zweitens, eine Entschädigung an die britische Regierung von sechs Millionen Dollar; eine Million augenblicklich zahlbar, und das übrige in gleichen jährlichen Raten bis zum Jahre 1846.

Drittens, direkte Verbindung zwischen den beiden Ländern, und zwar auf gleichem Fuße. — (Etwas Unerhörtes in China.)

Viertens, den Handel der Stadt Kanton in zehn Tagen nach dem chinesischen Neujahr zu eröffnen, den Verkehr in Whampoa aber fortzugestatten, bis ihre neuen Ansiedelungen hergestellt seien.

Trotzdem nun, daß die Chinesen auf diese Bedingungen wohl einzugehen schienen, beabsichtigten sie doch keineswegs dieselben zu halten. Selbst während noch die Unterhandlungen fortgingen, sammelten die Chinesen in Kanton eine Macht von 50.000 Tatarengruppen und trafen Vorbereitungen, die britische Flotte anzuzünden. Sobald dies bekannt wurde, ergriffen die Engländer die ernsthaftesten Maßregeln, zerstörten die chinesischen Forts am Fluß und waren im Begriff, die innere Stadt zu stürmen; da erschien der chinesische Minister Hu, der wohl einsehen mochte, daß jetzt die letzte Möglichkeit, Kanton zu retten, im Frieden liege, selber vor den Engländern und knüpfte aufs neue Unterhandlungen an. Elliots friedliebende Gesinnungen erleichterten den Abschluß des von den Chinesen gebotenen Vertrags, und die Engländer zogen sich nach einer Brandschatzung von sechs Millionen Dollar, von denen ihnen zwei Drittel gleichzeitig eingehändigt wurden, wiederum nach Hongkong zurück, wo es jetzt allen Anschein hatte, als ob der Krieg beendigt sei.

Neuntes Kapitel

Die Chinesen sahen sich nun, nachdem sie den eben erwähnten Vertrag eingegangen waren, augenblicklich von ihren Feinden befreit; kaum aber, daß sie nicht mehr in die Mündungen der englischen Kanonen zu schauen brauchten, zeigte sich auch schon wieder ihr Übermut und ihre Treulosigkeit. Auch an Prahlereien über das Geschehene fehlte es nicht, und wenn sie sonst keine Ähnlichkeit mit unsern christlichen Nationen haben, so schienen sie doch wenigstens in ihren Schlachtberichten eine solche zu zeigen.

Auf komische Weise gab sich diese Eitelkeit besonders in wunderbaren Bildern kund, auf welchen eine Schlacht in den Hügeln dargestellt wurde, worin die Chinesen aber natürlich als Sieger hervorgingen; die folgenden Zeilen standen als Unterschrift darunter:

Die rebellischen Barbaren sind in der Tat verächtlich
Sie kommen hierher und zerstören unser Volk und Land
Der Himmel sende doch einen roten Regen auf sie nieder
Aber die Stadtbewohner erzürnten sich darüber
Sie faßten sich ein Herz und schnitten sie in zahllosen Massen ab.
Glücklich, daß sie jene so bald vernichten konnten
Von jetzt an wird ewiger Friede herrschen
Und ein herrliches Leben werden wir von da an führen.

Ein anderes Bild zeigte auf gleiche Art eine chinesische Truppenanzahl, die mit ihren Speeren und Schilden, ihren Flinten und doppelten Schwertern die Feinde vor sich her trieb, während ihre Fahnen, mit dem Worte „Yung" oder „Brav" darauf geschrieben, im Winde flatterten. Als treuer Schlachtbericht stand ein langer Vers darunter, worin erzählt wird, wie frech die Engländer gewesen, daß sie ihre Stadt angegriffen, mit feurigen Kugeln geschossen, und sogar Kanonen gehabt hätten, die dreimal knallten. Der himmlische Herr habe aber roten Regen niedergesandt und das Feuer ihrer Geschützstücke ertränkt, so daß viele hundert teuflische Barbaren nicht allein dadurch und durch ihre eigene Tapferkeit, sondern auch noch durch pestilenzialische Krankheiten umgekommen wären und Friede von nun an im himmlischen Reiche herrschen müsse.

An die Erfüllung der eingegangenen Verbindlichkeiten dachten sie natürlich auch nicht, und vielleicht mochte das noch dazu beitragen, ihren Mut zu erhöhen, daß sie hörten, die Sumpffieber Kantons, von den Krankheiten der heißen Jahreszeit begleitet, richteten große Verwüstung unter ihren Feinden an. Seit der Rückkehr nach Hongkong standen in der Tat auch elfhundert Mann auf der Krankenliste.

Indessen waren schon seit längerer Zeit Gerüchte gegangen, daß die englische Regierung die Handlungsweise Elliots und seiner Mitagenten nicht billige, und diese bestätigten sich, als am 10. August Sir Henry Pottinger und der Konteradmiral Sir William Parker nach einer, für damalige Zeit außerordentlich kurzen Überlandreise von siebenundsechzig Tagen, in Macao eintrafen, und zwar der erste mit den Unterhandlungen, der zweite mit dem Oberbefehl für die Flotte versehen.

Frisches Leben kam jetzt zwischen die englischen Soldaten und Matrosen, und da auch die britische Post manche gute Nachrichten, manche Avancements gebracht hatte, so segelten sie nun mit neuem Mut und Vertrauen auf ihre nördliche Expedition wieder aus; die Chinesen schienen gar nicht daran zu denken, die eingegangenen Verbindlichkeiten gutwillig zu erfüllen.

Der erste Angriff wurde auf Amoy beschlossen; Amoy ist nämlich eine Stadt dritter Klasse auf einer Insel gleichen Namens, und zwar an der Küste des Teedistrikts von Ankoi. Die äußere Stadt und die nordöstlich gelegenen Vorstädte gerechnet, mag sie etwa neun bis zehn Meilen im Umfang haben, die Zitadelle allein nimmt einen ungeheuren Raum ein; die Verteidigungswerke waren aber ebenso hergestellt, wie in andern chinesischen Festungen und hatten vier Tore mit einer gleichen Anzahl von Eingängen in den Außenwerken.

Dort landeten die Engländer ihre Truppen, und eine Abteilung von Matrosen und Marinesoldaten, unter Fletchers Befehl, trieb die Feinde vor sich her und erzwang sich den Eintritt. Hier zeichnete sich besonders ein Leutnant Crawford von der königlichen Marine aus, dessen persönliche Tapferkeit nicht wenig dazu beitrug das Fort zu nehmen. Zweihundertsechsundneunzig Geschützstücke wurden damals zerstört, im September alle die Bogueforts geschleift, am 1. Oktober die Stadt Ting-hae mit hundertsechsunddreißig Kanonen wieder genommen und die Insel Chu-san aufs neue besetzt; am 10. Oktober Tsching-hae, nach wackerer Verteidigung, eingenommen und am 13. Oktober Ning-po ohne Schwertschlag betreten.

Die Chinesen leisteten jedoch noch tapferen Widerstand. Am 10. März 1842 griffen zwischen zehn- und zwölftausend chinesische Truppen Ningpo und Tschin-hae an, wurden aber mit großem Verlust zurückgeschlagen, und am 5. Juli, nach manch glücklich gelieferten Gefechten, erließ Sir Henry Pottinger in chinesischer Sprache eine Proklamation, welche die Bedingungen der britischen Regierung feststellte. Zugleich ging die britische Flotte den Fluß hinauf und nahm am 21. Juli die Stadt Tschingkeang, worauf der Tataren-General und viele andere der Garnison sich selber töteten. Sonderbarerweise hatten die Engländer ein gleiches Verfahren, vorzüglich bei den Tataren, schon mehrere Male bemerkt, da bei früheren Gelegenheiten oft ganze Regimente flohen, nur um in den Fluß

Angriff auf Amoy

zu springen und sich selbst den Tod zu geben. Gott weiß, ob sie glaubten, daß das ein besseres Ende sei, als in die Hände der Barbaren zu fallen, oder ob sie vielleicht gar den Tod durch deren Waffen für schimpflich hielten.
Am 4. August erreichten die Schiffe Nanking und am 9., da auch die letzterwarteten Fahrzeuge eingetroffen waren, begann die Landung. Jetzt aber sahen die Chinesen auch ein, daß von seiten der Fremden Ernst gemacht werde. In großer Eile und Verwirrung hielten sie deshalb eine Menge Beratungen, und am 12. August kamen drei ihrer mächtigsten Edlen als kaiserliche Gesandte, um, das heißt nach vorhergegangenen sehr bedeutenden Zeremonien, in der Kajüte der „Cornwallis", einem britischen Linienschiff, den Frieden und die Bedingungen desselben zu unterzeichnen. Natürlich schrieben die Engländer mit den Waffen in der Hand die einzelnen Artikel vor, denen sich die Chinesen jetzt, da sie frühere, bessere Verträge verschmäht, wohl oder übel fügen mußten.
Der Friedensschluß fand nach folgenden Punkten statt. Es sollte:

Erstens: Friede und Freundschaft zwischen den beiden Reichen herrschen.

Zweitens: China 21 Millionen Dollar im Laufe des und der drei folgenden Jahre zahlen.

Drittens: den Engländern die Häfen von Kanton, Amoy, Foo-hoo-foo, Ning-po und Schanghai eröffnet, Konsulen dort der Aufenthalt gestattet und Tarifsätze über Ein- und Ausfuhr der Waren veröffentlicht werden.

Viertens: die Insel Hongkong ihrer britannischen Majestät wie ihren Erben und Nachfolgern für immer abzutreten sein.

Fünftens: jeder Untertan ihrer britannischen Majestät, ob Eingeborener von Europa oder Indien, der sich in irgendeinem Teil des chinesischen Reichs befinde, befreit werden.

Sechstens: der Kaiser einen Akt voller und gänzlicher Amnestie veröffentlichen lassen, wodurch er mit seiner kaiserlichen Unterschrift und seinem Siegel allen denen verzeiht, die der britischen Regierung oder ihren Offizieren gedient haben.

Siebtens: der Beamten- und Offiziersstand beider Reiche gleichgehalten werden.

Achtens: dagegen würde man, sobald der Kaiser in diese Bedingungen eingewilligt habe und die ersten sechs Millionen Dollar bezahlt seien, die Streitkräfte ihrer britannischen Majestät von Nanking, wie aus dem großen Kanal fortziehen, wie auch die militärischen Posten zu Tschin-hae zurücknehmen, die Inseln von Chu-san und Ku-lang-hu dagegen so lange behaupten, bis die Entschädigungssumme entrichtet und auch den übrigen Anforderungen, die Häfen betreffend, genügt sei.

Am 8. September unterzeichnete der Kaiser diesen Vertrag, und der Friede wurde nun für damals in der Tat hergestellt.
In neuerer Zeit sind allerdings wieder Streitigkeiten in Kanton ausgebrochen, doch scheinen diese sich mehr auf den einen Punkt konzentriert zu sein und die Ruhe des Landes nicht weiter zu stören.
Dieser Krieg kostet auch China zu viel, als daß es so gierig nach einem andern sein sollte, da es doch jetzt die Kräfte der Fremden kennenlernte; es hat dabei mindestens an die zwanzigtausend Mann verloren und zwischen dreißig und vierzig Millionen Dollar eingebüßt. Dreitausend Geschützstücke wurden durch Soldaten und Matrosen genommen, ebensoviele andere Sachen, die Kriegsdschunken und Forts gar nicht zu erwähnen, die das Feuer der englischen Schiffe vernichtete.
Wohl glauben jetzt manche Leute, daß Hongkong in Zukunft ein Sammelplatz von lauter Schmugglern werden würde; die englische Regierung hat aber schon seit einiger Zeit erklärt, sie würde alles tun, was in ihren Kräften stände, einen solchen ungesetzlichen Handel nicht nur nicht zu begünstigen, sondern auch noch zu verhindern und zu bestrafen. Ebenso ist den Kaufleuten angezeigt worden, die sich mit solchem Handel einlassen wollen, daß sie, sobald sie entdeckt würden, in keiner Weise den Schutz der britischen Regierung zu erwarten hätten, sondern in diesem Falle den Gesetzen der Chinesen und ihrer Gnade und Strafe anheimfallen würden. Hongkong solle kein Schutzort für verbrecherischen Handel, sondern der große Markt aller Nationen und der Verbindungsplatz mit China werden und bleiben.

Zehntes Kapitel

Wir können nun einmal die Chinesen nicht nach uns beurteilen; sie denken und handeln nicht nur anders als die Europäer, sondern auch ihr ganzes Land, ihre ganzen Sitten und Gebräuche, ihr ganzes Wesen und Treiben, ihre Religion und Erziehung, alles, alles ist von den unseren verschieden, und kaum verdenken dürfen wir es ihnen, wenn sie Fremde, deren Sprache sie nicht verstehen, deren Heimat selbst ihnen unbekannt ist, mit Haß und Rache betrachten, sobald diese mit den Waffen in der Hand sie nicht allein auf ihrem eigenen Grund und Boden angreifen, sondern sich sogar auch einen bleibenden Aufenthalt zwischen ihnen erzwingen und dadurch störend in ihr Leben eingreifen wollen.
Die Chinesen fanden, daß sie mit einer Nation, die ihnen in der Kriegsführung so ungeheuer überlegen war, nichts ausrichten konnten, und suchten deshalb ihr Vaterland auf andere Weise zu schützen, freilich auf

eine Art, die wir unter den Verhältnissen, in denen wir selber aufgezogen sind, nicht billigen würden. Wer weiß aber auch wieder, was wir selber in gleichen Umständen getan hätten. Auf jeden Fall ging das Nachfolgende von dem Kaiser oder seinen höchsten Mandarinen selber aus und man kann denken, daß sie alles taten, was in ihren Kräften stand, um sich selbst und das Reich vor dem Untergang zu bewahren.

Die hier unten stehenden Belohnungen wurden denen versprochen, welche die dabei bemerkten Bedingungen erfüllten.

„Irgendjemand vom Militär oder Zivil, welcher Elliot einfängt und ausliefert, soll mit hunderttausend Dollar belohnt und zur Erhöhung vierten Ranggrades empfohlen werden.

Diejenigen, welche ein gleiches mit Elliots Untergeordneten, Bremer, Morison, Dent, Thom und Keaheape tun, sollen fünfzigtausend Dollar und den fünften Ranggrad erhalten.

Die, welche einen Plan entwerfen und ausführen die Schiffe der Barbaren zu verbrennen, empfangen für jeden Mast tausend Dollar, für einen Schoner dreitausend.

Die, welche lebendig fangen und einliefern irgendeinen der Hauptdiebe (Kapitäne von den Fahrzeugen Ihrer Majestät) und ihre Schiffe wegnehmen, sollen das, was an deren Bord gefunden wird, außer der früher bestimmten Belohnung, unter sich geteilt bekommen.

Die, welche einen eingeborenen Engländer lebendig einbringen, bekommen zweihundert Dollar, hundert dagegen bloß für seinen Kopf; für einen Inder erhalten sie fünfzig Dollar, für seinen Kopf dreißig u.s.w."

Allerdings müssen solche Proklamationen viel dazu beigetragen haben, den Eifer der Chinesen zu vermehren, und die Engländer hatten doppelte Vorsicht zu gebrauchen, um sich und ihre Fahrzeuge vor den wiederholten Angriffen der Eingeborenen zu bewahren. Doch, wie gesagt, es blieb ihnen ja kaum ein andres Mittel und wahrscheinlich finden auch ihre eigenen Sitten ein solches Verfahren ganz in der Ordnung.

Noch möchte ich übrigens einen Extrakt von Rapporten und Edikten geben, die allerdings in unseren Augen ebensowenig für die Chinesen sprechen.

„Ich, Woo, der General-Gouverneur, brach, sobald die Engländer an den Kommandanten Ting-hai in trotzigen Worten ein Schreiben schickten, auf, reiste Tag und Nacht, erreichte Tsching-hae um sechs Uhr abends am Neunten, wo ich eine Zusammenkunft mit dem General Chuh hatte und erstaunt war zu hören, daß am Fünften des Monats Chang-Cheaoufa der Kommandant von Ting-hai einen Kampf mit den englischen Rebellen zu bestehen hatte, in welchem deren Kanonen eine große Anzahl unsrer Offiziere und Soldaten verwundeten und die Schiffe in den Grund schossen.

Am Sechsten wurde die Stadt von Ting-hai, von den besagten Engländern angegriffen und genommen und Yaou-Kwant-seang, der amtliche Richter, und Yun-Fuh, sein Sekretär, welche sich nicht ergaben, wurden getötet. Ich, der General-Gouverneur, konnte, als ich diese Nachricht erhielt, nicht verhindern, daß sich mir das Haar vor Entsetzen emporsträubte. Zuerst sollten wir jetzt einen Plan erdenken, ihre Soldaten zu ermüden, daß sie nur langsam vorrücken und retirieren können, indessen sind wir imstande, eine große Anzahl von Truppen zusammenzubringen; dann aber können wir zusammen handeln und sie in einer bestimmten und gleichen Zeit angreifen und vernichten."
Der gute General-Gouverneur Woo und Kommandant Chuh hatten aber durch ihr Haarsträuben keineswegs genug bewiesen, wie ergeben sie Seiner himmlischen Majestät seien, wenigstens lautete das Schreiben, das sie bald darauf erhielten, nicht sehr tröstlich und erfreulich.
„Die Trägheit unsrer Marine und Landforcen in Che-keang", sagte dieses kaiserliche Edikt, „läßt sich leicht erkennen. Sobald die erbärmlichen und verächtlichen Fremden es wagten, sich auf diese schändliche und kecke Weise zu benehmen, füllten sich ihre Herzen augenblicklich mit Zittern und sie verloren alle Selbstbeherrschung. Sie wissen weiter nichts als ihre ehrbaren eignen Körper zu erhalten, und in Bequemlichkeit zu leben. Unsere Offiziere sind nicht besser als hölzerne Statuen, daß sie einem solch erbärmlichen Feind zu landen erlaubten. Woourhkinggih und Chuh-Tingpeaou sollen jetzt, für ihr früheres Betragen, beide vor ein Kriegsgericht gestellt und ihrem Vergehen nach bestraft werden."
Es ist gewöhnlich ein dunkler Tag für einen chinesischen Offizier oder Beamten, wenn er seinem Gericht zur Untersuchung übergeben wird, während noch dazu ein kaiserliches Edikt selber die Anklage stellt. Es blieb aber auch gar nicht bei diesem allein, denn Lin-tsihseu, der nach Kanton gesandt war, um sich dort mit Tang zu beraten und die Opiumfrage zu ordnen, kam nicht die Idee besser weg, als seine Vorgänger Woo und Chuh, wie das bald darauf folgende zweite Edikt beweisen mag. Es lautete:
„Lin-tsihseu, du erhieltest meine kaiserlichen Befehle, nach Kanton zu gehen und dort das Opiumgeschäft nach gegebenen Vorschriften zu ordnen, von außen her allen Handel mit Opium abzuschneiden und die vielen damit verbundenen Übel aufzuheben und auszurotten. Was das Innere betraf, so lauteten deine Befehle: alle widerstrebenden Eingeborenen festzunehmen und dadurch den Fremden jede Unterstützung abzuschneiden; warum hast du so lange mit diesen niederen und erbärmlichen Verbrechern gezögert, die noch immer undankbar, ungehorsam und unfolgsam sind? Du hast deinen Kaiser nicht allein mit dunklen Worten hingehalten, sondern auch noch, anstatt diese Sache beheben zu helfen, sie viel schwie-

riger und verwickelter gemacht, daß uns die Wogen der Verwirrung fast über den Kopf steigen und tausend endlose Unordnungen emporschießen. Du bist nicht besser als ein hölzernes Bild gewesen, und wenn ich über alles dies nachdenke, so füllt sich mein Herz mit Sorge und Gram. Ich will sehen, in welcher Hinsicht du dich verantworten kannst.
Ich befehle, daß deine Dienstsiegel augenblicklich von dir genommen werden und daß du mit Flammeneile hierher nach Peking fliegst, damit ich dich in meiner Gegenwart selber prüfen kann. Zögre nicht; ich beordere indessen auch, daß der General-Gouverneur E. die Regierung der beiden Provinzen Kwang-tung und Kwang-se über sich nehme. Beachte dies."
Dem armen Kwang ging es jedoch nicht besser. Die Engländer siegten nun einmal in jedem Kampf, den sie mit den Chinesen hatten, und da es der Würde des chinesischen Kaisers nicht angemessen gewesen wäre, einen solchen Erfolg der überlegenen Kriegskunst der Barbaren zuzuschreiben, so mußten natürlich, es blieb da keine andere Wahl, die eignen Diener die Schuld tragen, damit man doch irgendjemand bestrafen konnte.
Kaum besser erging es dem andern armen Teufel namens Kashen, der, die früheren Beispiele vor sich, in Angst und Not eine Jammer-Epistel an den Kaiser sandte, in welcher er ihm die Drohungen der Engländer und den Zustand der chinesischen Truppen schilderte. Da kam er aber schön an! Seine himmlische Majestät fand das für unverzeihlich, daß es einer seiner Untertanen wagte, freche Worte der Barbaren zu wiederholen.
„Absichtlich blind und töricht, wie du bist", lautete die Antwort auf jene Jeremiade, „begreife ich es kaum, daß du die Keckheit hast also meinen Befehlen den Rücken zu drehen und nicht allein die Dokumente der Fremden annimmst, sondern ihnen sogar noch das Wort redest. Unwürdiger und machtloser Mensch, der du bist, was für ein Herz hast du denn eigentlich in der Brust. Nicht allein nimmst du stillschweigend ihre Drohungen und Beleidigungen an, sondern wagst es sogar, einzelne Teile daraus mir vorzuhalten, um mich in Angst und Schrecken zu setzen. Wisse aber, daß ich keine Furcht im Herzen trage.
Er hat noch außerdem berichtet, daß am sechsten Tag des Tigers Tore zerstört worden wären, und diese Nachricht hat mir Herz und Leber zerrissen. Ich habe nicht geglaubt, daß Kashen, dieser mit so wenigen Talenten begabte Mann, sein Vaterland verkaufen und dann auch noch damit prahlen könne. Dies ist ein Verbrechen, für das der Tod mir nicht einmal eine hinlängliche Strafe erscheint. Ich befehle, daß die Yulinkaungs (des Kaisers eigne Truppen, wahrscheinlich seine Leibgarde) mit dem größten Eifer den Tempel seiner Vorfahren siegeln und verschließen."
Seht, liebe Leser, solcher Art beurteilt der Kaiser von China seine Leute; er gibt Befehle und hält es als Herr des himmlischen Reiches nicht für

möglich, daß es irgendetwas auf der Welt geben könne, was imstande sei, die Erfüllung derselben zu verhindern. Habt ihr nun noch Lust nach all dem Gehörten, eine Stelle bei Seiner himmlischen Majestät anzunehmen und General-Gouverneur oder Admiral zu werden, nun viel Glück; ich meinesteils zöge, wenn ich denn einmal eine Anstellung haben müßte, eine im deutschen Vaterlande vor; ja ein deutscher Dorfschulmeister, obgleich das, wie Gott und alle Welt weiß, das elendste und undankbarste Brot ist, hat noch Vorteile vor einem solchen chinesischen Würdenträger mit all seinen Zinnober-Edikten, fünfklauigen Drachen, roten Knöpfen, Zöpfen und Pfauenfedern.

Elftes Kapitel

Oberhalb der Macaostraße an der Westseite der Einfahrt im Kantonfluß liegen die neun Inseln, die sehr viele Eigentümlichkeiten haben. Ihre Namen sind: Chuenpee, Anunghoy, Ty-ooch-tow, Nord- und Süd-Wantang, Ty-hoo-tow, oder Tiger-Insel, die gebirgigste von allen; dann aber noch die dänische und französische Insel, die besonders für uns Europäer interessant ist. Die Inseln, die sich dem Auge bieten, wenn man in den Hafen von Kanton einläuft, sind von den Europäern die Ladronen- oder Spitzbuben-Inseln genannt; von den Eingeborenen dagegen Low-manschan (die alten zehntausend Hügel). Spitzbuben-Inseln hießen sie wohl deshalb, weil sie besonders in früheren Zeiten einer Menge von Piratengesindel Schutz boten.
Hier jedoch will ich etwas Näheres über die dänische Insel sagen.
Wenn sich ein Fremder vor noch ganz kurzer Zeit zwischen die Langzöpfe wagte, so konnte er sich ziemlich sicher darauf verlassen, daß er mit Kot und Erde beworfen wurde, wenn ihm nicht gar noch etwas Schlimmeres passierte; ja selbst in jetziger Zeit hat sich darin nur wenig verändert, obgleich man wohl annehmen kann, daß die Chinesen durch die erhaltene Züchtigung, wenn auch nicht klüger, doch gewiß vorsichtiger werden. In Whampoa jedoch und auf der dänischen Insel kann sich der Europäer ziemlich ungehindert und frei bewegen und dort viel von chinesischen Sitten und Gebräuchen lernen.
Der letztere Platz, die dänische Insel, ist besonders reizend gelegen und bietet mit seinen wechselnden Hügeln und Tälern, den hohen Kiefern auf den Bergen und den vielen Gräbern und Grabsteinen an den Seiten der Hügel, einen imposanten Anblick.
Auf der Insel, die etwa anderthalb Meilen lang und eine Meile breit ist, befinden sich größtenteils Terrassen, die man auf rauhen Treppen besteigt;

der Platz selber wird ziemlich stark kultiviert. Ich habe aber nie die breitgesichtigen, schmalkinnigen Arbeiter mit ihren regenschirmartigen Hüten auf dem Kopfe hinter den Büffeln herpflügen sehen können, ohne dabei der Heimat zu gedenken und selbst ihr chin-chin erinnerte mich an das herzliche „Guten Morgen" unsrer Landleute. Freilich hatten die Reis- und Baumwollfelder, die niedriggebauten Häuser von blauen Backsteinen und die Pagoden etwas viel zu Fremdes und Trostloses, um sie lange mit unserm Land verwechseln zu können.

Etwas sah ich hier, was mir besonders auffiel; es war das Wasserschöpfen, was durch zwei Männer geschah, die zwischen sich an vier Seilen einen Eimer hielten; diesen ließen sie in das Wasser hinab, wo er sich von selber füllte, dann hoben sie ihn durch Anziehen der Seile wieder empor und schleuderten das Wasser mit einem plötzlichen Ruck, indem sie, der eine das rechte, der andre das linke Seil nachließen, in den Kanal oder Graben hinein, der das Feld bewässern sollte.

Eine andere Maschine wird hier ebenfalls noch gebraucht und hat Ähnlichkeit mit unsrer Kettenpumpe. Eine Anzahl beweglicher, flacher Bretter werden quer über dem Trog angebracht, auf welchen sie wirken sollen und versehen dadurch die Stelle von Eimern. Entweder durch Stiere oder auch durch die Füße von Menschen wird dabei ein Rad in Bewegung gesetzt, um welches sich diese Bretter drehen und teils durch den Andrang des Wassers, teils durch die künstlich angebrachte Kraft, in Tätigkeit erhalten.

Das große Bambusrad ist eine andere wunderliche Art von Maschinerie, die man gewöhnlich in Flüssen gebraucht. Die Kraft des Stromes dreht es allein, und die daran befestigten Bambusrohre, die an dem einen Ende geschlossen sind, füllen sich unten von selber mit Wasser und leeren sich oben wieder aus.

Auf der dänischen Insel sind drei gute Landungsplätze, der oberste von diesen ist eben der Wässerungsplatz; der zweite nur eine Felsenspitze, etwa eine halbe Meile vom ersten; der dritte dagegen und unterste jedoch der gewöhnlichste, und von hier aus führen zwei Wege zu den beiden Städtchen der Insel. So schmal sind aber diese Pfade, daß sich nur Fußgänger darauf ausweichen können und selbst die einfache Bequemlichkeit einer Schubkarre würde, wenn sich hier zwei davon begegnen sollten, mit Schwierigkeiten zu kämpfen haben.

Die Boote, welche die dänische Insel besuchen, geben dem Platz etwas besonders Lebhaftes; ganz vorzüglich wunderbar erscheint aber dem Fremden die Kleidung eines gewissen Teils der chinesischen Bootsleute, die förmliche Blätterjacken tragen. Ihr habt gewiß schon Abbildungen von Robinson Crusoe gesehen, wie er in seinem Ziegenfell-Frack und mit dem wunderlichen Hut und Sonnenschirm auf der Insel einherstolziert; dessen Erscheinen war aber noch nicht halb so romantisch, wie das einer solchen chinesischen Mannschaft, die in ihren rauhen ruppigen Jacken von langen und schmalen trockenen Blättern ganz papagenoartig aussehen. Diese Blätter sind nur an einem Ende befestigt und liegen schuppengleich übereinander. Man kann sich nun etwa denken, was für ein Bild diese glatzköpfigen Gesellen mit ihren spitzen Hüten liefern, wenn ihnen der Wind in die Jacken bläst, die nach allen Seiten hin ausflattern und klappern. Manchmal sieht es geradeso aus, als ob sie in die Höhe fliegen wollten.

Die Frauen der Insel sind klein, mit keinem besonders schönen Teint, aber rabenschwarzem Haar, weißen Zähnen und wunderlich schrägen Augen; einige von ihnen, aber nicht viele haben, wenngleich arm, die kleinen verkrüppelten Füße der echt chinesischen und reicheren Damen. Die meisten kleiden sich dabei wie die Tankabootweiber, in eine Art lockern Hemdes und ebensolche Beinkleider, während einige jedoch weitärmlige fliegende Gewänder tragen.

Achtbare chinesische Frauen begegnen keineswegs gern den Fremden, wenn sie auch diese neugierig genug betrachten mögen; sie wollen ihnen auch nicht Antlitz gegen Antlitz stehen; deshalb wenden sie sich ab oder schlagen die Augen nieder, sobald ein Europäer auf sie zukommt. Sind sie aber erst einmal vorbei, dann drehen sie sich gewiß rasch genug um, um den „Barbaren" heimlicherweise beobachten zu können. Doch es ist ja schon schwer, den Charakter der chinesischen Männer zu ergründen, wie muß es da erst mit den Frauen sein, deren Sitten der Fremde fast nie Gelegenheit hat kennenzulernen. Übrigens können auch die Frauen auf der dänischen Insel und in Whampoa nicht als Repräsentantinnen derer in Peking angesehen werden; obgleich sie wie diese bescheiden und sittsam scheinen.

Schon früher habe ich erwähnt, daß ein chinesisches Gesetz fremden Frauen den Eingang in das Land verweigert, die Ursache davon soll eine alte Prophezeiung sein, daß China durch eine Frau besiegt werden würde. Eine gleiche Vorhersagung sollte in Bhurtpore existieren, daß dieses durch ein Krokodil eingenommen würde. Man hält jetzt die Königin Viktoria für die Frau, welche China besiegte und Lord Combermore (Combeer — Krokodil) für das Krokodil, welches Bhurtpore gefährlich wurde.

In der Nachbarschaft der Inseln im Kantonflusse werden auch auf den sogenannten Entenbooten, Enteneier in besonders dazu hergerichteten Öfen, oder auch in Dünger, und zwar in ungeheuren Massen ausgebrütet.

Solch ein Entenboot ist sicherlich eine der größten Eigentümlichkeiten in ganz China; an beiden Seiten desselben befindet sich, ein wenig über dem Wasser, eine lange Plattform, vielleicht achtzehn bis zwanzig Fuß breit, mit einem etwas erhabenen Rand von circa einem halben Fuß. Hier werden die Enten aufbewahrt und laufen indessen auf einer der Inseln, neben welcher das Boot liegt, schnatternd herum, ihr Futter zu empfangen. Denkt euch nun eine Masse von oft achthundert bis tausend dieser kurzbeinigen gackelnden Gesellen, die, sobald die Sonne untergeht und der schrille Ton einer Pfeife gehört wird, in wilder Eile herbeistürmen, um, über hinausgelegte Planken, auf die für sie bestimmten Boote zu laufen. Ihre Wächter stehen dabei am äußeren Ende derselben mit langen Bambusstöcken, und die letzten bekommen gewöhnlich einige aufgezählt. Eine chinesische Ente hat aber viel zu viel Ehrgefühl, um sich, solange sie es vermeiden kann, prügeln zu lassen. In größtmöglicher Eile und unter fortwährendem unaufhörlichen Gackern drängen sich deshalb alle ihren gewohnten Plätzen zu und schwenken, sobald sie über die Planke sind, mit der Regelmäßigkeit von Soldaten links und rechts ab. Hunderte und Tausende von diesen Tieren werden auf solche Art in den chinesischen Flüssen gehegt und gehalten.

Eine andere Eigenheit chinesischer Tiere ist die der Zugochsen. Sollten diese nämlich noch so ruhig und friedlich bei ihrer Arbeit sein und mit bestem Willen im Pfluge liegen, so werden sie unruhig und ängstlich, sobald sich ein Europäer nähert; sie stoßen dann entweder mit ihren Hörnern nach ihm oder brechen wie toll und wahnsinnig quer durch das Feld, und Stier, Pflug und Bauer jagen dann gewöhnlich in toller Hast hintereinander her, der letztere aber natürlich nur, um die beiden ersten wieder zurückzubringen. So ein laufender Chinese sieht übrigens wunderlich genug aus, wobei erstens das weggelaufene Vieh und zweitens der ihm fortwährend auf den Rücken schlagende Zopf keineswegs dazu beitragen mögen, seine Laune rosig zu färben. Sie verfluchen dann auch gewöhnlich auf chinesisch zuerst die dummen Ochsen im allgemeinen und dann den Fremden im besonderen, der in ihrem himmlischen Reiche eigentlich gar nichts zu suchen habe.

Zwölftes Kapitel

Louis XIV. von Frankreich, Peter der Große von Rußland und Kang-he, Kaiser von China, lebten und regierten zu ein und derselben Zeit und waren unstreitig drei der berühmtesten Monarchen, die je königliche Gewalt besessen haben. Louis unternahm Kriege und protegierte die Künste, um Frankreich zu erheben. Peter zivilisierte Rußland und riß es fast mit Gewalt aus seinem Urzustand. Kang-he dagegen einigte und stärkte das chinesische Reich, das größte Reich der Welt, als es damals von den barbarischen Tataren erobert worden war.
Taou-Kwang, der gegenwärtige Kaiser von China, im Jahre 1781 geboren, ist der zweite Sohn des verstorbenen Kaisers Kea-king und folgte seinem Vater 1820 im neununddreißigsten Jahr seines Alters. Keineswegs aber gab er sich einem solchen wilden und zügellosen Leben hin wie es sein Vater getan hatte, und deshalb ist er, wenn auch an Jahren gedrückt, doch immer noch ein rüstiger, lebensfrischer Greis.
Er ist schlank und hager, von dunklem Teint und hat besonders in seinem königlichen Schmuck ein wahres imposantes Aussehen. Er soll dabei großmütig und in der Ausübung seiner Würde tätig und unermüdlich sein, obgleich ihn die, die ihn genauer kennen, eher für eine Art von Herrscher halten, der die Sachen und Verhältnisse lieber so läßt, wie er sie gefunden, beim alten, anstatt sich viel auf Verbesserungen und Veränderungen einzulassen.
Der Sultan oder Großherr, der Souverän der Türken und Ottomanen, hat auch recht hübsche und vollklingende Titel, denn er wird nicht allein Pa-

dischah oder Kaiser genannt, sondern noch Padi-schah-Islam, Kaiser des Islam oder der mohammedanischen Welt. Imaumul Musliminu, Pontifex der Muselmänner, Sultan ul die (Beschützer des Glaubens), Alempenah (Zuflucht der Welt) und Zil ullah (Schatten Gottes). Diese Liste könnte aber kaum mit der des Kaisers von China verglichen werden, wenn wir sie alle hier anführen wollten. Ich will jedoch hier nur die wichtigsten und bezeichnendsten aufzählen.

„Glorie der Vernunft. Heiliger Sohn des Himmels, Kaiserlicher höchster Regierer der Erde, Herr von zehntausend Jahren, König von zehntausend Inseln, Blume des Kaiserlichen Geschlechts, Sonne des Firmaments der Ehre, Glänzender Stein in der Krone in dem Throne der chinesischen Territorien, und Großer Vater seines Volks."

Die Ursache, weshalb Taou-Kwang zum Throne befördert wurde, war die: als sich sein Vater in größter Gefahr befand, daß sein Palast von einer mächtigen Räuberbande umgeben und bestürmt wurde, verteidigte er ihn tapfer, und zwar mit eigner Lebensgefahr.

Diese Tat ist durch den Kaiser Kea-King also beschrieben worden:

„Eine Banditenbande von mehr als siebzig Mann, von der Sekte Täen-le erzwang sich, trotz des Verbotes das heilige Tor zu betreten, Eingang in dasselbe und betrat die innere Seite. Sie verwundete die Wachen und brach in den Palast ein. Vier Rebellen wurden gefangen und gebunden; drei andre erstiegen mit einer Fahne den Wall. Mein kaiserlicher zweiter Sohn ergriff eine Muskete und schoß zwei von diesen nieder; mein Neffe tötete den dritten. Für diese Rettung bin ich hauptsächlich der Energie meines zweiten Sohnes Dank schuldig. Die Prinzen und Offiziere des Lung-hung ließen dann die Truppen heraus, und nach den ungeminderten Anstrengungen zweier Tage und einer Nacht gelang es ihm, die Rebellen vollständig zu unterdrücken."

Obgleich nun meine Leser wahrscheinlich oft genug von einer europäischen Kaiser- oder Königskrönung gehört haben, so können sie sich doch schwerlich von den Zeremonien einen Begriff machen, die damit verknüpft sind einen chinesischen Thron zu besteigen, und vielleicht hat es Interesse für sie, etwas darüber zu erfahren.

In China wird der Thron „des Drachen Sitz" genannt, und was wir unter Krönung verstehen, bezeichnen sie mit dem „Gipfel ersteigen". Da ich hier gerade neben mir eine Übersetzung der chinesischen Zeremonien habe, die damals in der Peking-Gazette erschien, so will ich wenigstens einen Auszug derselben geben, denn sie liefert allerdings ein eignes Beispiel von der entsetzlichen Etikette jenes Reichs. Veröffentlicht wurde sie deshalb, damit ja kein Fehler im Zeremoniell stattfinden könne.

„An dem für die Zeremonie bestimmten Tag wurden die Wachen beordert, an den verschiedenen Toren der Stadt ihre Stellungen einzunehmen.

Der Kaiser von China

Dann sollen sich die Zeremonienmeister im kaiserlichen Ratszimmer versammeln und den Siegeltisch, auf welchem das kaiserliche Siegel liegt, in den Palast des Friedens, südlich vom kaiserlichen Thron, gerade in die Mitte setzen.
Ferner soll der Rapporttisch (auf welchem die Bittschrift liegt, welche Se. Majestät ersucht, den Thron zu besteigen) südlich von der östlichen Säule des Palastes, der Edikttisch dagegen (auf dem die kaiserliche Proklamation liegt, welche die Besteigung anzeigt), an der Nordseite der östlichen Säule stehen."
Hiernach wird ebenfalls ganz genau der Platz bestimmt, wo der Tisch zu stehen kommt, der Feder und Tinte zum Unterschreiben trägt.
Dann wird eine Bestimmung getroffen, nach welcher die kaiserlichen Garden, Offiziere und Leute, eintreten müssen; auch die Elefanten und Musiker werden aufgezählt und ihre Stellen ganz genau bestimmt.
Nun kommt eine fürchterliche Auseinandersetzung, in der fast jeder Schritt beschrieben ist, den die Zeremonienmeister machen müssen, während sie die Petition auf den einen schon erwähnten Tisch, die Proklamation auf den andern legen und dann auch Feder und Tinte mit den größtmöglichen Umständen an ihren gehörigen Platz bringen.
Nachher führt der erste Minister die Mitglieder der Ratskammer zu dem Tore himmlischer Reinheit, das heißt Sr. Majestät Privatzimmer, und bittet sich das Allerhöchste Kaiserliche Siegel aus; das kommt nachher, als ob das Wohl des Staats von jeder Bewegung mit dem rechten oder linken Arm abhinge, auf den Siegeltisch.
Nach diesem werden die Könige und Edlen von kaiserlicher Verwandtschaft bis zum achten Grad hinunter — das übrige gehört wahrscheinlich zum Plebs — an den Fuß des Thrones geführt; ebenso alle Staatsbeamten in ihrer — und hierbei ahmen sie der europäischen Sitte nach — höchst geschmacklosen Hofuniform, wonach sie sich ganz genau dem Rang, den sie in der Meinung der Welt einnehmen, d.h. je nachdem, ob sie mehr oder weniger bezahlt bekommen, anreihen, um später zur rechten Zeit ihre, mit ihrem Gehalt natürlich im Verhältnis stehende, Verbeugung und Ehrenbezeigung zu machen. Auch hierin ähneln sie etwas den Europäern; die am wenigsten bekommen, bücken sich am tiefsten.
Nun geht der Ober-Zeremonienmeister und ersucht Se. Majestät die höchstnötige Trauer anzulegen, dann begibt sich der himmlische Kaiser durch eine sehr genau bezeichnete Tür in einen ebenso genau bezeichneten Teil des Palastes, und zwar vor den Altar seines verstorbenen kaiserlichen Vaters, wo er dreimal knien und sich neunmal verbeugen muß.
Nachher läßt er sich ebenfalls wieder durch hierzu besonders bestimmte Personen ersuchen, seine kaiserlichen Prachtgewänder anzulegen, macht dann seiner Frau Mutter den Besuch und muß nun vor deren Throne

ebenfalls neun, bis zu einer bestimmten Tiefe festgesetzte, Bücklinge machen. Hierauf kommt nun der Hof-Astrologe, der Sr. Majestät verrät, welches der glücklichste Augenblick für ihn sei, den goldenen Wagen zu besteigen.
Nun beginnt eine entsetzlich lange Prozession, die mit peinlicher Genauigkeit bestimmt, welchen Platz dieser und welchen Platz jener Hofschranze dabei einnehmen soll.
Nach diesem wird der zu erwartende Kaiser wiederum auf das dringendste gebeten, die kaiserliche Würde doch ja anzunehmen, worauf er später, im Palast wieder angelangt, die Petition erhält, und das heißt ebenfalls wieder nach einer Stunde langen Umständen, die Proklamation erteilt.
Se. Majestät ziehen sich nun nochmals anders an; wiederum wird eine Prozession veranstaltet, die, mit einer Masse Pomp hergestellt, wahrscheinlich den Untertanen beweisen soll, welch schweres Leben die Hofleute haben.
Nunmehr wird das kaiserliche Edikt verlesen, dann fallen alle eine bestimmte Anzahl Male auf die Knie und stehen natürlich jedes Mal wieder auf, und nun liest ein Herold die Proklamation laut vor, nach welcher, dem Aufruf des Zeremonienmeisters zufolge, die ganze Gesellschaft sich wieder neunmal bückt und emporrichtet.
Ist das alles geschehen, so zieht, natürlich so weitläufig wie das irgendmöglich ist, die Prozession wieder zu dem Teil des Palastes zurück, in welchem sich die Zeremonienmeister aufhalten.
Dann wird die Proklamation noch ehrfurchtsvoll dem Druck empfohlen und das Ganze ist beendet.
Die Proklamation des Kaisers wäre allerdings von einigem Interesse für den Leser, wiederholten sich nicht Formeln und Sätze auf eine so höchst langweilige Art darin. Es ist weiter nichts als eine Thronrede, in welcher der Monarch die wunderbarsten Dinge verspricht, ein paar Hofschranzen Orden verleiht oder, wie das in China der Fall ist, ihnen einen höheren Rang gibt und einer Anzahl Verbrechern oder straffälligen Menschen ihre Sünden vergibt.
Ziemlich gut ist jedoch eben diese Vergebung der Sünden motiviert. Im elften Satz heißt es da:
„Es soll, bevor Tagesanbruch am 27. des achten Monats (der Tag der Thronbesteigung), Mörder, Rebellen und sonstige Staatsverbrecher ausgenommen, allen denen vergeben werden, die etwas Strafbares verübt haben. Würde irgendeine Person sie später der heute vergebenen Fehler wieder beschuldigen, so soll dieselbe dafür die nämliche Strafe leiden, die jene für das Verbrechen verdient hatten."
Ihr seht, liebe Leser, wenn auch China ein so sehr wunderliches Land ist, so findet sich doch immer dann und wann eine Ähnlichkeit mit unserm al-

ten Vaterland; wir freuen uns gewöhnlich nur, wenn wir Leute finden, bei denen andre Torheiten Sitte sind als bei uns, und dann schlagen wir ganz vergnügt mit jenem Zöllner an die Brust und rufen: Lieber Gott, ich bin dir ungemein verbunden, daß ich nicht bin wie jene da, die mit langen Zöpfen und auf kurzen Füßen herumlaufen. Werden wir aber später einmal ganz genau von jenen erfahren, was sie von uns denken, dann möchte es freilich ebenfalls herauskommen, daß sie sich dann und wann über Sachen amüsieren, die uns hier in Europa ungemein ernsthaft erscheinen.

Dreizehntes Kapitel

Da nun endlich der Handel von China nach manch blutigem Kampf den Europäern eröffnet worden ist, so wird sich nicht allein die Ausfuhr der chinesischen Waren, sondern auch die Einfuhr der europäischen vergrößern, da die Kaufleute imstande sind, mehr und mehr direkt mit ihren Kunden zu verkehren. Die „Himmlischen" führen Tee, rohe Seide, gewebte Seide, Nanking, Zucker, Cassiaholz, Kampfer, Rhabarber, Moschus, Anis, Alaun, Bleiweiß, Porzellan, künstliche Perlen, Glasperlen, Tapeten, Spielwaren, Matten, Metalle und noch viele andere Sachen aus und empfangen dafür Opium, Baumwolle, schwarzen Pfeffer, Myrrhe, Asafötida, Salpeter, Sandelholz, Haifischflossen, Bezoar, Perlen, Betelnüsse, Muskatnüsse, Elfenbein, Wachs, indische Vogelnester, Gewürznelken, Ebenholz, Drachenblut, Perlmutter, Gold usw.
Ihr erinnert euch vielleicht, daß in dem Friedensvertrag die fünf, den Engländern künftig offenstehenden Häfen genau angegeben wurden; diese hießen: Amoy, Kanton, Foo-hoo-foo, Ning-po und Schanghai. Ich will hier einen kurzen Überblick derselben geben.
Amoy ist ein Seehafen von einiger Wichtigkeit in der Provinz Fo-kien, an der östlichen Küste von China. Wie schon früher erwähnt, ist es etwa eine Stadt dritter Klasse auf der Insel gleichen Namens und war damals, als es die britischen Truppen nahmen, stark befestigt. Noch jetzt fällt sein gewaltiges Tor ins Auge mit den eingemeißelten Bildern von Drachen und Fischen und den Inschriften des Konfuzius. An Einwohnern muß es etwa zweimal hunderttausend haben.
Die Straßen von Amoy sind schmaler, als es sich eigentlich mit unsern Begriffen von Bequemlichkeit verträgt. Die Chinesen brauchen aber auch nicht solche breite Straßen wie wir, die wir mit unsern Wagen und Fuhrwerken keinen Raum darin haben würden. Der Hafen ist dagegen geräumig und schön und vielleicht einer der besten am asiatischen Festland.

Foo-hoo-foo liegt nordöstlich von Amoy, und zwar am Fluß Min, etwa fünf Meilen von der See; da es übrigens die Hauptstadt von Fo-kien und zwei Drittel so groß wie Kanton ist, könnt ihr euch wohl denken, welche Wichtigkeit es besonders für die Ausfuhr von Tee hat, da diese Provinz durch die Erzeugung desselben berühmt geworden ist. Der schmale Eingang an der Mündung des Min soll, nach der Meinung vieler, der Bocha Tigris am Ausfluß des Kantonstromes gleichen. Die Forts an beiden Seiten und auf den Hügeln haben allerdings ein pittoreskes Aussehen, liegen jedoch jetzt in Trümmern.

Foo-hoo-foo ist seiner Fruchtbarkeit, seines Handels und seiner Gelehrsamkeit wegen berühmt; auch befindet sich hier jene ausgezeichnete Brücke, die ich jedoch noch später erwähnen werde. Die benachbarten Hügel von Foo-hoo, wie es gewöhnlich genannt wird, sind reich an Zedern, Orangen- und Olivenbäumen und mit Pagoden und Landhäusern geschmückt. Die Szenerie in der Gegend von Min-gan, etwa ein Dutzend Meilen von der Mündung des Min entfernt, ist ungemein lieblich und hat sehr viel Ähnlichkeit mit dem Rhein. Der Fluß zieht sich hier in einen engen Kanal zusammen, oder wird vielmehr von Steinbergen aneinandergedrängt, die zu schwindelnder Höhe emporsteigen.

Ning-po liegt nördlich von Foo-hoo-foo auf dem Festland und unfern der Chusan-Inselgruppe. Chin-hae, das von den Briten eingenommen wurde, befindet sich an der Mündung des Ning-po, denn die Stadt Ning-po liegt weiter aufwärts. Die Straßen derselben sind breiter als die der meisten chinesischen Städte; jedoch ist das Einlaufen in den Hafen für große Schiffe weder übermäßig sicher noch bequem. Nach der Einnahme der Engländer sah der Platz freilich ziemlich traurig aus, alle Läden waren geschlossen, die meisten Einwohner geflüchtet, und Todesschweigen herrschte in den menschenleeren Straßen.

Jetzt ist es jedoch wieder eine lebhafte, geschäftige Stadt; die bunten Apotheken, die Kochhäuser, die reichen Seiden-, Pelz-, Porzellan- und Konditorläden, die Bootsbauten in den Vorstädten und die tätigen Arbeiter an allen Orten und Enden verleihen dem Platz einen unwiderstehlichen Reiz.

Es gibt übrigens einige, die allen Grund haben, diese so sehr freundliche Stadt in sehr unfreundlichem Andenken zu behalten, und das sind die arme Mrs. Noble, Leutnant Douglas Scott und noch einige andere, die man, nachdem sie im Kite Schiffbruch erlitten und hier an die Küste geworfen wurden, in die berüchtigten Käfige einsperrte.

Hölzerne Käfige oder Gefängnisse, in denen Strafwürdige bewahrt werden, sind in China sehr gewöhnlich. Der ganze Raum, den sie einnehmen, ist etwa drei Fuß in der Höhe, zwei und einen halben Fuß in der Länge und vierzehn Zoll in der Breite; oben ist eine Klappe, durch welche der Unglückli-

che hineingezwängt wird und manchmal hat er noch eine Öffnung, durch welche er den Kopf stecken und also doch wenigstens aufrecht sitzen kann. Die meisten entbehren aber selbst dieser Bequemlichkeit.
Schrecklich ist das Los der armen Gefangenen, die hier Tag für Tag, Woche für Woche in solch fürchterlicher Qual festgehalten werden. Die Chinesen wissen auch recht gut, wie fürchterlich deren Wirkung ist, denn sie nennen sie Ty-yo, was in ihrer Sprache „die Hölle" bedeutet. Der in solchem Kasten Eingesperrte kann weder stehen, sitzen noch liegen und manche werden hierin gelassen, bis sie Krankheit oder Wahnsinn erfaßt oder der Tod gar ihrem entsetzlichen Schicksal ein Ende macht.
Die Ursache, weshalb man Schuldige in solche Käfige sperrt, ist wahrscheinlich die, um sie bequem von Platz zu Platz transportieren zu können und sie zugleich der Verachtung und dem Hohne der Menge preiszugeben.

Kanton, wie es die Europäer nennen; auf chinesisch aber Kwong-tung (ausgebreitete östliche Provinz), ist der Name der ganzen Provinz. Die Stadt selbst am Choo-keang oder Perlfluß ist eine der ältesten in den südlichen Provinzen; sie mag etwa sechzig Meilen von der See entfernt liegen und ihre Wälle umschließen einen Raum von sechs oder sieben Meilen. Dichtbevölkert bildet sie eine der wichtigsten Städte des Kaiserreichs, ja, Peking ausgenommen, vielleicht die wichtigste. Kanton ist aber ebensowohl seiner Manufakturen als der dort in Umlauf gesetzten Waren wegen berühmt, und zahllose Fremde besuchen es jährlich. Die Häuser sind größtenteils in einem Stockwerk gebaut, die der Reichen sehr elegant und prächtig hergerichtet.

Sechs- oder siebenhundert Straßen allein sind mit großen Fliesensteinen bepflastert. Zu diesen gehören die Goldene Straße, die Goldene Blumenstraße, die Drachenstraße, die Fliegende Drachenstraße usw.

Die Straßen werden im ganzen ungemein schmal gebaut, und die Lasten und Waren natürlich nur durch Kulis oder Träger von einem Ort zum andern geschleppt. Dicht aneinandergedrängt hocken die Leute beisammen. Einen Begriff von dieser Menschenmasse kann man ungefähr bekommen, wenn man weiß, daß allein viertausend Schuhmacher, siebzehntausend Seidenweber und fünfzigtausend Tuchmacher in Kanton wohnen; ebenso werden siebentausend Barbiere beschäftigt.

Bettler gibt es allerdings überall, Kanton hat aber seinen ganz besonderen Anteil davon bekommen und sie haben sich hier in förmliche Kompanien geteilt, von denen besonders eine einen sehr freundlichen Namen hat: die himmlische Blumen-Kompanie; ein schöner Name für eine Bande solch langzöpfiger Vagabunden.

Bei Kanton, und zwar vor den Wällen der Stadt, liegen die fremden Faktoreien und ihre Anzahl ist sehr bedeutend. Holländer, Briten, Amerikaner, Franzosen und Dänen und Schweden, ja sogar Parsen und Mauren haben hier ihre Niederlassungen und besonders damals, als die Chinesen die Schiffe mit Brandern und feurigen Flößen angriffen, warfen sie sich auch zu gleicher Zeit in die holländischen und englischen Faktoreien, um, wie sie sagten, nach Waffen zu suchen. Gar gesetzlose Szenen fanden da statt, die Glatzköpfe zerstörten und durchwühlten alles, was sie finden und erreichen konnten. Freilich haben sie damals auch fürchterliche Strafe zahlen müssen, und die Verluste und Ausgaben, die sie mit den Briten gehabt, werden auf mehr als siebenundzwanzig Millionen Dollar geschätzt.

Zerstörung der Faktoreien

Einer ziemlich getreuen Angabe nach zahlten sie das in folgender Art:

	Dollars
Im Tinghaeschatz gefunden	3
Brandschatzungen für Kanton u. Schadenersatz des vernichteten Wertes	6.669.615
Schatz in Amoy	20.000
In Ning-po genommen	120.000
In Tchan-kiang	50.000
In Nanking bezahlt	6.000.000
In den drei folgenden Jahren nachzubringen	15.000.000
	27.859.618

Für den Schadenersatz in Kanton mußte damals der kaiserliche Schatz vier Millionen zahlen, die Hong-Kaufleute steuerten dazu 1.420.000 Dollar bei und das übrige wurde aus andern Quellen geschöpft. Die Namen jener Hong-Kaufleute waren Howqua, Pwankequa, Samqua, Saoqua, Footae, Gowqua, Mowqua, Kingqua, Minqua und Punhoyqua.

Vor diesen Faktoreien lagert gewöhnlich den ganzen Tag über eine Unmasse von Müßiggängern, die keinen bestimmten Zweck und keine Beschäftigung zu haben scheinen. Woher sie kommen und wohin sie gehen, begreift keiner der Ausländer, denn kaum hat sich ein Teil des menschlichen Stroms verloren, so ersetzt ihn auch schon wieder ein andrer. Wer ernährt und wer kleidet sie, und wo legen sie nachts ihr Haupt hin? Das sind alles Fragen, die sich wohl nur erst dann beantworten lassen werden, wenn uns Europäern einmal der unbedingte Eintritt und Aufenthalt in den chinesischen Städten erlaubt sein wird. Mir kam es übrigens als das Wahrscheinlichste vor, daß sie, wie man auch in London diese Armen-Schlafstellen hat, nachts vielleicht in einem dafür errichteten Schuppen weggeschichtet werden, um nicht die Straßen zu ihrem Wohnplatz wählen zu müssen, und dann auch natürlich zugleich unsicher zu machen.

In Kanton finden sie übrigens auch noch ein andres Unterkommen, und das ist der Fluß, denn dort drängen sich in Barken, Sampans und Booten aller Art Tausende solcher Elenden zusammen. Diese Armut herrscht aber nicht allein in Kanton vor; alle Städte und Ortschaften des ungeheuren Reichs sollen damit übervölkert sein, und Flüsse wie Seen schwärmen von lebendigen Wesen. Besonders ist die Bootsstadt auf dem Perlenfluß allen Fremden ein Gegenstand höchsten Interesses, denn hier konzentrieren sich neben dem unzähligen Tanka-Volk auch noch Massen von Piraten und sonstigen Gesindels, das entweder vom Festland flüchten oder doch dort kein Unterkommen mehr finden konnte.

Achtzigtausend Hütten schwimmen hier auf dem Wasser und sind größtenteils von Armut, Verbrechen und Elend bevölkert. Die Eierboote und

Tanka-Leute werden aber auch von allen übrigen verachtet, und selbst der geringste Bauer stellt sich weit über jene.

Der Raum, den die fremden Faktoreien einnehmen, ist von zwei wohlbekannten Straßen durchschnitten, die eine Chinastraße und die andre, — hier eine wirklich passende Benennung, — Schweineweg genannt. Die erstere ist etwas breiter als die gewöhnlichen Wege sind und enthält die Läden der Kleinhändler. Die Kauflokale dort sind aber sehr verschieden von den unsern; keineswegs so hübsch ausgestattet, wie das in Europa geschieht, werden sie größtenteils, während die Läden vorn geschlossen sind, durch ein von oben herabfallendes Licht, das kaum ein Licht genannt werden kann, erhellt. Auch die Verkäufer reichen nur mürrisch das von den Regalen herunter, was man verlangt, so daß besonders die Damen, die sonst ein Vergnügen daran finden arme gefällige Ladendiener mit roten Fingern und großen goldnen Ringen daran, bis aufs Blut zu quälen, hier keineswegs ein solches Feld für ihre Tätigkeit haben würden, wie im alten Vaterland.

Der andre Pfad, der sogenannte Schweineweg, läßt sich aber nicht beschreiben, da wir glücklicherweise gar nichts in Europa besitzen, was sich mit ihm vergleichen ließe. Hier hält in niederen düsteren Spelunken der Auswurf der Chinesen seine Grog- oder Schnapsläden für die Matrosen, die von den schlauen Verkäufern nicht selten betrunken gemacht und nachher geplündert und auf die Straße geworfen werden. Schreckliche Kämpfe sind hier schon vorgekommen und manches Leben verloren worden. Gouverneur Lin soll 1839 diese Gasse, welche die Engländer Hoglane nennen, blockiert haben.

Die himmlischen Warenhändler in den besseren Straßen, verstehen übrigens ebenso gut wie andre Nationen das Aufschneiden. Ein Beispiel mag hier zur Probe stehen. Es handelt von einem Farbenverkäufer.

„In dem Laden Tae-sching (außerordentlich glücklich) sehr gute Tusche, fein, fein! Uralter Laden; Urgroßvater, Großvater, Vater, und ich selber mache diese Tusche, fein und hart, sehr hart mit vorzüglicher Sorgfalt ausgewählt. Ich verkaufe sehr gute Tusche. Diese Tusche ist schwer, das ist auch das Gold. Das Auge des Drachen blitzt und funkelt, das tut auch diese Tusche. Niemand macht außer mir solche Tusche, denn andre, die sie machen, tun es nur um, elenden Mammon zusammenzuscharren und zu betrügen; ich will mir aber einen Namen dadurch erwerben. Viele A-kwan-thaes (Gentlemen) kennen meine Tusche. Meine Familie hat nie betrogen, sondern stets einen guten Namen bewahrt; ich mache Tusche für den Sohn des Himmels und für alle Mandarine im Kaiserreich. Wie das Gebrüll des Tigers überall hindringt, so verbreitet sich auch der Ruf des Drachenjuwels (natürlich die Tusche gemeint). Kommt all' ihr A-kwan-thaes und seht das Schild Tae-sching neben meiner Tür. Es ist in Seaouschwuy Straße (kleine Wassergasse) vor dem südlichen Tor." Das klingt wunderlich; ist aber eigentlich genau genommen nichts Neues, und das machen bei uns die Leute nicht besser, im Gegenteil noch schlimmer; der ehrliche Mann beruft sich doch darauf, sein Vater, Großvater und Urgroßvater hätten das betrieben und selbst fabriziert, nach deutschen Grundsätzen aber hätte es allerwenigstens aus dem Nachbarland, womöglich aber von England oder Ostindien importiert sein müssen.

Die Kaufleute, die außerhalb Kantons feil halten, verdienen gewiß auch viel Geld, wenigstens mit dem Verkauf ihrer Waren, dieser Nutzen im allgemeinen kann aber doch nicht so groß sein, denn einesteils verlieren sie viel durch ihre Kunden und dann wissen die unteren Klassen der Mandarine ebenfalls schmähliches Geld von ihnen zu erpressen.

Wunderlich sind einige der spanischen Dollar, die man dort zu sehen bekommt; da die Chinesen die Sitte haben, sie fast jedesmal, wenn sie in ihre Hände fallen, mit einer Stampfe zu zeichnen, was sie denn im Laufe der Zeit in solche wunderliche Façons hinaustreibt, daß man ihre frühere Gestalt kaum, ihr Gepräge gewiß nicht mehr erkennen kann.

In mancher Hinsicht sind aber auch die Chinesen ausgezeichnete Arbeiter und stellen Sachen her, die bis jetzt Europäer umsonst versucht haben nachzuahmen. So verfertigen sie z.B. aus Elfenbein eine Masse von Kugeln, die eine in der andern auf das feinste und zierlichste geschnitten werden, so daß sie locker ineinander liegen, ohne daß man begreifen kann, wie es möglich war, so etwas herzustellen. Die langzöpfigen Künstler sind aber auch nicht wenig stolz darauf, daß es bis jetzt noch keinem der Barbaren gelungen ist, ihnen dies Geheimnis abzulernen.

Vierzehntes Kapitel

Wenn ein Chinese gefragt wird, wieviele philosophische Systeme oder Religionen in seinem Reiche existieren, so antwortet er: drei, und zwar zuerst der Yu, die Lehre des Konfuzius, dann die des Fo, und drittens die Sekte des Tao, die Rationalisten.

Man darf jedoch nicht glauben, daß diese drei einen gleichen Rang einnehmen; die Lehre des Konfuzius ist die orthodoxe oder Staatsreligion Chinas, und die andern sind nur insofern geduldet, als sie der ersteren keinen Eintrag tun, wie man z.B. in Frankreich und Österreich den Protestantismus duldet. In den heiligen Verordnungen heißt es auch, daß die achtbare Lehre des Yu am höchsten zu stellen, die andern beiden aber viel geringer zu schätzen seien. I Choo-tse versichert: die Religion des Fo verachtet den Himmel und die Erde, sein einziger Zweck sei Feststellung der eigenen Sekte, wie der Einigkeit ihrer Glieder.

Die Lehre des Tao hält auf weiter nichts als individuelle Genüsse und Erhaltung.

Konfuzius, wie sein Name durch die Jesuiten ins Lateinische übersetzt wurde, heißt eigentlich Koong-foo-tsi und wurde 550 vor Christus im Staate Loo geboren; war also, wie man nach der Jahreszahl sehen kann, ein Zeitgenosse des Pythagoras. Der Sohn eines Staatsmannes und ersten Ministers, beschäftigte sich größtenteils mit den moralischen und politischen Wissenschaften und suchte weder in die Natur selbst einzudringen, noch kümmerte er sich um den Aberglauben seines Vaterlandes.

Seine Hauptabsicht war aber, die Laster zu beheben, die sich in den Staat eingeschlichen hatten, und das Volk wieder zu jener moralischen Höhe zu führen, auf welcher es unter den alten Königen Yaou, Shun und andern gestanden. Wie aufrichtig er es mit seiner Lehre meinte, bewies er schon dadurch, daß er seine hohe Stellung verließ und sich später, als man ihn wieder zu höheren Ämtern hinziehen wollte, zu seinen zweiundsiebzig ihm am nächsten stehenden Schülern zurückzog, wo er sich nicht allein dem noch weiteren Studium der Philosophie ergab, sondern auch jene berühmten Werke schuf, die seinen Ruf bis auf späteste Zeiten bewahrt haben und Chinas heilige Bücher wurden.

Unter seinen moralischen Lehren sind viele, die mit den Lehren der Christenheit fast wörtliche Ähnlichkeit haben, obgleich er in manchen Sachen auch wieder ausschweifte und z.B. die kindliche Liebe so weit ausdehnte, daß ein Sohn mit dem „Mörder seines Vaters" nicht unter einem Himmel leben sollte, was natürlich mit andern Worten hieß: Blutrache zu üben.

Konfuzius war ebenfalls, wie der Heiland der Christen, seiner anspruchslosen Einfachheit und Bescheidenheit wegen berühmt; die aber seine Lehre nach ihm verkündigten, haben sich diese Tugend keineswegs zum Muster genommen und blicken gewöhnlich mit Verachtung auf die herab, die anders denken als sie selbst. — So etwas könnte allerdings in einem christlichen Land nicht vorkommen!

Er starb endlich im 73. Jahr seines Alters und seine Lehre verbreitete sich so, daß wohl kein heidnischer Volkslehrer sich eines größeren Erfolges rühmen könnte. Welchen Glauben, welche Religion auch ein Chinese haben mag, die Worte des Konfuzius behandelt er doch mit größter Achtung und Ehrerbietung, was sich um so leichter vereinigen läßt, da sie mehr Philosophie als Religion ist und den übrigen Sekten weiter keinen besondern Eintrag tut. Deshalb duldete man auch die Katholiken so lange in China, bis sie sich endlich in die gesellschaftlichen Institutionen des Reiches mischten.

Was die Religion des Fo betrifft, so wird Fo, der Stifter dieses in China eigentlich nicht einheimischen Glaubens, für einen Gott gehalten, und alle seine Anhänger erzählen sehr viele Fabeln über diesen Gegenstand. Nach den meisten Schriftstellern wurde Fo im Jahre 1027 vor Christus geboren. Sein Vaterland ist Kaschmir, ein ansehnliches Reich im Norden des westlichen Hindostan. Er soll weite Reisen in die an Indien grenzenden persischen Provinzen Sejestan und Zablestan gemacht haben. Erst nach seiner Rückkunft von Indien fing er an, seine neue Religion zu predigen und sich für einen Gesandten Gottes auszugeben. Die Einwohner von Hindostan betrachten seine Geburt als eine neue Verkörperung und Erscheinung ihres Gottes Wischnu, der dadurch selbst zum Fo wurde.

Die Lehre von der Seelenwanderung, die in diesem ganzen Teil von Asien angenommen wird, ist der Hauptgrundsatz seiner Religion. Diejenigen, die sich zu seiner Lehre bekannten, wurden Samoneer genannt, und man muß sie wohl von den Brahmanen, die einen besondern Zweig der chinesischen Religionsmeinungen ausmachen, unterscheiden.

Die Geburt des Fo war mit verschiedenen Wundern begleitet. Die Sterne verfinsterten sich dabei, und neun Drachen flogen vom Himmel und wuschen ihn in einem großen Teich. Sein folgendes Leben war nicht weniger wundervoll. Die Inder, die sehr fest an dem System der Seelenwanderung hängen, glauben, daß er mehrere Male in der Welt, bald in dem Körper eines Menschen, bald aber auch als Tier erschienen sei.

In seinem siebzehnten Jahr verheiratete er sich. Als ihm aber ein Sohn geboren ward, betrachtete er sich als unnütz unter den Menschen und zog sich in die Wüste zurück, um sich mit überirdischen Dingen zu beschäftigen. Hier blieb er als Schüler einiger Weiser bis in sein dreißigstes Jahr; dann aber ließ er sich wieder unter Menschen blicken und lehrte Bilderdienst und Seelenwanderung. Er starb in seinem 79. Jahr, nachdem er seinen liebsten Schülern bekannt hatte, daß alles, was er bisher gelehrt habe, im mystischen Sinn zu nehmen und daß die Wahrheit darin nur unter figürlichen Ausdrücken verborgen wäre; seine wahre Meinung sei, es gebe keinen andern Urstoff der Dinge, als das Wüste und Leere; alles sei daraus entsprungen und werde wieder dahin zurückkehren. Doch muß man diese Ausdrücke nicht im engsten Sinn verstehen, wie man in der Folge sehen wird.

Diese letzten Worte des indischen Philosophen brachten zwei verschiedene Sekten unter seinen Anhängern hervor. Die eine behielt den Bilderdienst, den er gelehrt hatte, bei und bildete eine besondere Klasse, die unter dem Namen der Brahmanen bekannt genug ist. Dies ist die Volksreligion und sie hat einen sehr zusammengesetzten Kultus. Nach den verschiedenen Ländern ist dieser ebenfalls sehr abgeändert worden und daher kommt der Unterschied zwischen den Sekten in Tibet, in der Tatarei und in Hindostan.

Die übrigen Anhänger des Fo hielten sich bloß an die Lehre vom Leeren und Wüsten. Nach und nach aber vereinigten sich beide Hauptsekten unmerklich und nahmen beide die Seelenwanderung an. Wenn z.B. eine Seele zum ersten Male auf Erden erscheint, und den Körper eines Inders bezieht, so wird dieser Mensch für einen ganz gewöhnlichen Brahmanen gehalten. Nach seinem Tode belebt seine Seele andere menschliche oder tierische Körper, nachdem sie bei ihrer ersten Menschwerdung gute oder schlechte Handlungen getan hat, so daß ihre Wiedererscheinung entweder Belohnung oder Strafe ist. So durchläuft eine Seele eine große Menge verschiedener Körper, bis sie zum höchsten Grad der Reinheit kommt; dann belebt sie den eines Samaneers.

Da es wiederum verschiedene Arten von Samaneern gibt, kommt sie noch verschiedene Male auf die Welt, um ihre gänzliche Reinigung zu vollziehen. Endlich erscheint sie zum letzten Mal in dem Leib eines ganz vollkommenen Samaneers. Ein Mensch, der mit einer solchen Seele begabt ist, hat es nicht nötig, die Fehler zu büßen, die er durch seine vorhergehenden Wanderungen schon gänzlich abgewaschen hat. Er braucht sich nicht in den Tempeln niederzuwerfen und die Volksgötter anzubeten, die bloße Verwalter des Weltalls für ihn sind. Solch ein Samaneer ist frei von Leidenschaften, ist aller Unreinigkeit entledigt und stirbt bloß, um sich mit dem einigen Gott zu verbinden, von dem seine Seele nur ein Ausfluß war.

Dieses höchste Wesen ist der Urstoff aller Dinge; es ist von Ewigkeit her unsichtbar, unbegreiflich, allmächtig, allweise, gut, gerecht, mitleidig und stammt von sich selber her. Es kann durch keine Abbildung dargestellt werden. Man kann es nicht anbeten und verehren, weil es über alle Anbetung und Verehrung weit erhaben ist. Aber seine Attribute kann man anbeten und verehren. Eben daher stammt der Bilderdienst der indischen und mittelasiatischen Völkerschaften. Der wahre Samaneer beschäftigt sich mit weiter nichts, als über diesen großen Gott nachzudenken, um sich nach einstiger Zerstörung selbst mit ihm im Busen der Gottheit zu verbinden, die alles aus nichts hervorgebracht hat und selbst nicht materiell ist.

Als die Lehre des Fo in China eindrang, brachten einige Samaneer im Jahre 65 nach Christi Geburt ein Werk des Fo mit, das sie ins Chinesische übersetzten und das sich noch bis jetzt erhalten hat.

Die Religion des Fo steht bei den Kalkas und allen mongolischen Völkerschaften noch sehr in Ansehen. Sie nennen den Fo: Loch, und seine Diener Lama. Der oberste derselben ist der Dalai-Lama (Groß-Lama), der zu Lhasa in Tibet seinen Sitz hat.

Die Fo-Religion scheint aber erst im Jahr 65 nach Chr. Geburt unter der Regierung des Kaisers Miny-ti, aus der Dynastie des Han, nach China gekommen zu sein, Dieser Fürst hatte gehört, daß die Völker im Westen eine Gottheit, namens Fo, verehrten und schickte eine Gesandtschaft nach

Hindostan, welche die Gesetzbücher dieses Philosophen nach China bringen sollte. Sie brachte einige Bonzen mit zurück, unter denen sich zwei, namens Mo-tang und Tso-fu-lang befanden, die das oben angeführte Werk des Fo ins Chinesische übersetzten.

Diese neue Religion fand in China sehr viele Anhänger und Verteidiger; die gelehrten Mandarine dagegen, welche Naturalisten sind, griffen sie heftig an. Dieser Eifer legte sich aber bald und erwachte erst unter der Regierung des Sche-le, der im Jahr 319 den Thron bestieg.

Im Jahr 310 kam ein indischer Bonze, namens Fu-tu-tching nach Lo-yang, der damaligen Hauptstadt von China (jetzt Kai-fong-fu in der Provinz Honan am Hoang-ho). Dieser erzählte, er habe schon mehrere hundert Jahre gelebt, stehe mit Dämonen in Verbindung und könne Wunder tun. Er machte mehrere seiner Taschenspielerkünste vor Sche-le und erwarb sich dadurch sein Vertrauen oder bewirkte vielmehr, daß dieser ihn fürchtete. Die Priester von der Sekte Tao-sse widerstrebten ihm vergeblich, denn die Winde, die Stürme und der Hagel gehorchten seinem Befehl. Das größte Wunder aber, das er tat, war die Auferweckung eines Toten. Sche-le verlor einen Sohn, den er außerordentlich liebte; eben als man diesen in den Sarg legen wollte, kam Fu-tu-tsching, besprengte ihn mit Wasser, nahm ihn bei der Hand und sagte: „Stehe auf", und der Tote erwachte. Als Sche-hu im Jahr 334 den Thron bestieg, war die Menge der Anhänger dieser neuen Religion schon so beträchtlich, daß sie große Unordnungen im Staate hervorbrachte. Das Volk zog haufenweise nach den Wunderbildern des Fo und verfiel durch die falsch verstandenen Grundsätze seiner Lehre in Untätigkeit und Faulheit. Alle Vorstellungen der Minister konnten den Kaiser nicht bewegen, mit Strenge gegen die Bonzen zu verfahren.

Nach und nach wurden die Anhänger der Fo-Religion immer häufiger, und der alte reine Theismus der Chinesen wich ganz und gar vom gemeinen Volk, so daß ihn nur noch die Vornehmen und Gelehrten zu würdigen wissen.

Die Mandschu, die seit 1644 China beherrschen, sind ebenfalls Anhänger dieser Religion. In China hat jedoch die des Konfuzius die Oberhand gewonnen, und jene prächtigen Tempel, die man früher der anderen Gottheit baute, geraten jetzt größtenteils in Verfall. So stehen allein zwischen Macao und Kanton vier oder fünf neun Stockwerk hohe Pagoden, dicht am Fluß, die fast alle ihrem Untergang nahe sind.

Die dritte der dort herrschenden Sekten ist die des Tao oder Laou-keun, welches der Name des Gründers war. Dieser Mann lebte gleichzeitig mit Konfuzius, ja Konfuzius soll ihn einst selber besucht haben, um sich mit ihm über seine Religion zu besprechen.

Soweit man seine Lehre noch begreifen kann, so scheint es, daß er beson-

ders seine Anhänger dazu bewegen wollte, Reichtümer und Ehren zu verachten und, dem Epikur gleich, jede Leidenschaft zu unterdrücken, die sich nicht mit ihrer persönlichen Wohlfahrt und Bequemlichkeit vereinigen ließ. Die Anhänger des Tao sind übrigens zu verschiedenen Perioden der chinesischen Geschichte begünstigt, aber auch wieder verfolgt worden und scheinen am meisten unter der Soong-Dynastie gegolten zu haben.
Die Chinesen nun im allgemeinen, welcher von diesen Religionen sie auch folgen mögen, haben doch nicht ihren Gott, sondern ihre verschiedenen Gottheiten, und neben diesen ihre Götzenbilder. Fast alle größeren Tempel, wie wir hier einen vor uns sehen, schließen ihre Götzen und Fetische ein, d.h. kleine Hausgötzen, an welche sie sich direkt wenden, damit diese bei den mächtigeren Wesen ein gutes Wort für sie einlegen können. Solchen Götzenbildern schreiben sie denn auch merkwürdige Kräfte zu und verehren sie, indem sie ihnen allerlei Opfer bringen und nicht selten ihre Bitten mit dem Schall der Gongs und anderer rauschenden Musik begleiten.
Übrigens kommt es auch vor, daß ihnen diese kleinen Hausgötzen etwas nicht recht gemacht, entweder einen Wunsch nicht erfüllt oder gar Schaden gebracht haben; nachher geht es den armen, unschuldigen Wesen aber schlecht; sie werden von ihrem Fußgestell heruntergezogen und bekommen nicht selten, neben den unwürdigsten Schimpfreden, die schönsten Schläge, wobei ihnen dann ihre früheren Verehrer ganz aufrichtig sagen, daß sie keineswegs gesonnen wären, solche nichtsnutzigen Bilder zu vergolden und anzubeten, wenn diese nicht auch etwas dafür tun und sich dankbar erweisen wollten.

Fünfzehntes Kapitel

Sonderbar ist es, daß die Chinesen, denen doch schon seit so langen Jahren die Kunst des Buchdrucks bekannt war, noch so weit in all den Kenntnissen zurück sind, die wir uns dadurch erworben haben. Sie scheinen in ihrem Studieren Ähnlichkeit mit dem Eichhörnchen zu haben, das rastlos tätig, fortwährend die Höhe hinanklimmt, leider aber in einem Drehbauer sitzt und nicht von der Stelle kommt. Dieser Käfig ist denn auch sicher die Ursache gewesen, daß diese sonst unermüdliche Nation fortwährend am alten Zeuge kleben blieb; denn ihr Land selbst hielt sie gefesselt, und das Neue durfte ebensowenig herein zu ihnen, wie sie hinaus in die frische geschäftige Welt. Durch Jahrhunderte sind sie sich deshalb auch gleich geblieben in Kleidern, in Sitten und Gebräuchen, in Religion und Regierungsform. Der Zopf, der sich mit dem einen ins Grab legte, wurde mit dem Kinde wiedergeboren oder wuchs diesem doch in größtmöglichster Geschwindigkeit.

Die wichtigsten, wenigstens die berühmtesten Bücher Chinas, die jedoch von verschiedenen Schriftstellern auch verschieden geschrieben werden, sind der Yu-king, der Schoo-king, eine Geschichte Chinas, die bis 1120 vor Christus zurückgeht; der She-king, ein Band mit Oden, der Le-ki, Aufzählungen der Sitten und Gewohnheiten, und der Chun-chew, der einen Bericht über das Leben und die Zeit des Konfuzius gibt. Diese fünf Bücher werden zu den Klassikern gezählt und vier andere, die sich diesen anschließen, Ta-heo, Choong-voong, Lun-yu und das Buch von Mencius, enthalten die Grundsätze der Lehre des Konfuzius.

Ihre Bücher sind nicht wie die unsern eingebunden; die Blätter werden nur einfach zusammengenäht und dann in steifen Futteralen von Pappe gehalten, die man außerordentlich schön schmückt und ziert. Die Blätter sind ungemein weich und zart, von gelbem Papier, und zwar doppelt, da man sie nicht, wie die europäischen, an den Rändern schneidet.

Obgleich nun diese zuerst angegebenen fünf Bücher die Hauptgrundlage und auch gewissermaßen das schwere Geschütz der chinesischen Literatur bilden, so ist doch die Masse der sonst bestehenden literarischen Werke ungeheuer. In der Bibliothek des Kaisers Kien-lung stehen allein hundertzweiundzwanzig Bände, die weiter nichts als Verzeichnisse der dort aufgestellten Bücher enthalten. Allerdings nimmt die chinesische Schrift viel Raum ein, und man kann wohl annehmen, daß in einem solchen Buch nur der vierte Teil von dem in einer andern Sprache gedruckten enthalten ist. Die Sekte Fo's bereichert die chinesische Literatur mit einer Unmasse Übersetzungen buddhistischer Schriften aus dem Sanskrit. Die Einführung des Buddhismus bewirkte eine der wichtigsten Revolutionen in der Geschichte der chinesischen Philosophie.

Was nun die chinesische Zensur betrifft, so brauchen wir uns nur zu der zu wenden, um die unsre für außerordentlich milde zu halten. Der Gelehrte Wang-si-cheu machte in den siebziger Jahren des vorigen Jahrhunderts, um hier ein Beispiel aufzuführen, einen populären Auszug aus dem kaiserlichen Lexikon Kang-hi-dhu-dian und wurde, weil er seine Arbeit ohne allerhöchste Autorisation unternommen und veröffentlicht, und sich nicht allein erdreistet hatte, einige durch den roten Pinsel geheiligte lexikologische Bestimmungen zu kritisieren, sondern auch, was für ein Verbrechen an der geheiligten Majestät gilt, die sogenannten „kleinen Namen des Kaisers und seiner Ahnen" darin anzuführen, von einem Neider auf Leib und Leben angeklagt und von dem höchsten kaiserlichen Kriminal-Gerichtshof Ching-bu in Peking als Majestätsverbrecher zur Strafe der hunderttausend Stöcke, seine Kinder und Verwandte über sechzehn Jahr gleichfalls zum Tode, die jüngeren aber und seine Weiber zu lebenslänglicher Verbannung und Sklaverei verurteilt — ein Urteil, das der wegen seiner Großmut und Milde hochgepriesene Kaiser in seiner überschwenglichen Gnade für den Verbrecher selbst in das der einfachen Enthauptung verwandelte, in allen andern Punkten aber bestätigte.

Ihre Poesien sind größtenteils nur mittelmäßig; vielleicht haben sich aber auch die Europäer noch nicht genug in die feineren Nuancen der Sprache hineinstudiert, um das so vollkommen beurteilen zu können. Ein gewisser Geist läßt sich ihnen auf keinen Fall absprechen, und als Beweis hiervon will ich eine Anzahl von Sprichwörtern anführen, die John Francis Davis Esq., der Gouverneur von Hongkong, sammelte, und die meine jungen Leser nicht allein unterhalten, sondern ihnen auch einen recht guten Begriff von der Art und Weise geben werden, wie die Chinesen denken.

1. Ein kluger Mann schließt sich Umständen an; wie sich das Wasser in das Gefäß schmiegt, in welches es geschüttet wird.
2. Der Irrtum eines einzigen Moments kann zur Sorge eines ganzen Lebens werden.
3. Krankheiten mag man heilen, aber nicht die Bestimmung.
4. Ein leerer Geist öffnet sich allen Vorschlägen, wie ein hohler Berg alle Klänge zurückgibt.
5. Wenn der Baum gefällt ist, verschwindet der Schatten. (Wenn die Großen fallen, werden sie von ihren Schmarotzern verlassen.)
6. Der, welcher den Hirsch verfolgt, beachtet nicht die Hasen.
7. Wenn die Wurzeln im Boden bleiben, so wächst das Gras wieder aus. (Entschuldigung, die ganze Familie eines Verräters zu vernichten.)
8. Der Edelstein kann nicht ohne Reibung poliert werden, also können auch die Menschen nicht ohne Prüfungen vollkommen werden.
9. Was man jemand ins Ohr flüstert, wird oft hunderte von Meilen gehört.

10. Elfenbein kann man nicht aus Rattenzähnen gewinnen.
11. Ein Vogel kann nur auf einem Zweig sitzen, eine Maus sich nur satt trinken.
12. Wenn der Teich ausgetrocknet ist, zeigen sich die Fische. (Eine Anspielung auf kaufmännische Berechnungen.)
13. Ihr könnt nicht zwei Felle von einer Kuh ziehen.
14. Wer schnell schluckt, kann wenig kauen.
15. Was nicht gesagt werden darf, soll auch lieber nicht getan werden.
16. Die Pein des Neides ist wie ein Sandkorn im Auge.
17. Wer in der Welt steigen will, sollte seinen Ehrgeiz unter Bescheidenheit verbergen; die Götter selbst können einem Manne nicht helfen, der jede Gelegenheit unbenutzt vorübergehen läßt.
18. Grabt einen Brunnen ehe ihr durstig werdet.
19. Süße Worte sind Gift, bittere, Arznei. (Schmeichelei und Wahrheit.)
20. Eier sind feste Dinger; aber die Hühnchen kommen doch endlich heraus. (Es ist nichts so fein gesponnen, es kommt endlich ans Licht der Sonnen.)
21. Lieber einen Hund im Frieden als einen Mann im Krieg.
22. Es ist ebenso töricht einer Schlange Füße zu geben, als die Sonne zu vergolden. (Etwas zu verbessern, was vollkommen ist.)
23. Wasser auf einer Ente Rücken zu gießen. (Verschwendeter Rat an jemand.)
24. Eine Katze gewinnen und eine Kuh verlieren. (Vor Gericht gehen.)
25. Ein Ölkrug kann für weiter nichts gebraucht werden, als um Öl hineinzutun.
26. Geborgtes Geld verkürzt die Zeit; für andre zu arbeiten macht sie wieder lang.
27. Man lernt jedesmal etwas, wenn man ein Buch öffnet.
28. Große Vögel verschlucken nicht gern kleine Körner. (Große Mandarine wollen auch gern große Gaben in die Hand gedrückt haben.)
29. Die Zuschauer sind gewöhnlich bessere Beurteiler als die Spieler selber.
30. Ein fettes Huhn hat fette Küchelchen. (Reiche Herren haben glänzende Diener.)
31. Der Mann in Stiefeln kennt nicht den in Schuhen.
32. Die Worte des Mannes sind wie ein Pfeil, gerade nach dem Ziele zu; die Worte der Frau sind wie ein zerbrochener Fächer.
33. Eine gute Tat geht nicht vor die Tür; eine schlechte hundert Meilen weit.
34. Wenn der oberste Balken krumm ist, biegt sich auch der unterste danach. (Böses Beispiel von oben.)
35. Ein Hieb für ein gutes Pferd, ein Wort für einen klugen Mann.

36. Der Fisch wohnt tief in der See, der Adler schwebt unter dem Himmel; den einen aber kann man mit dem Pfeil, den andern mit der Angel erreichen. Das Herz eines Mannes aber, wenn auch kaum einen Fuß entfernt, kann man nicht erkennen.
37. Laßt jeden den Schnee vor seiner eignen Türe kehren und sich nicht um den Frost auf des Nachbars Ziegeln kümmern.
38. In einem Melonenfelde knüpfe dir nicht dein Schuhband, unter einem Pflaumenbaume rücke dir nicht die Mütze. (Betrage dich stets so, daß du keinen Verdacht erregst.)
39. In Geburt sind wir alle gleich, aber nicht in Erziehung.

Die Schauspiele der Chinesen zerfallen in zwei Hauptabteilungen, in lange historische Stücke und in kleine Komödien oder Possen. Die letzteren werden am häufigsten von den herumziehenden Schauspielerbanden gegeben. Das Theater ist gewöhnlich äußerst schlecht und einfach auf Pfählen gebaut, etwa wie die Boutiquen der Marktschreier auf den Messen. Die Schauspieler sind mit dick aufgetragener weißer, schwarzer und roter Farbe bemalt. Das Innere eines Hauses und die Straße werden öfters in derselben Zeit vorgestellt, und es ist manchmal schwer zu bestimmen, wo die Szene eigentlich vorgeht. Wenn die Tür aufgemacht werden soll, macht der Schauspieler eine Bewegung mit beiden Händen, als wenn man zwei Türflügel öffnet. Wenn ein Krieger zu Pferde steigen und fortreiten soll, macht er mit dem einen Schenkel eine Bewegung, als ob er über etwas wegschreitet, dann sitzt er auf dem Pferd usw. Wenn gesungen wird, so erzählt der handelnde Schauspieler selbst, was er vor den Augen der übrigen verrichtet, aber ich vermute, daß dies eigentlich der Chor erzählen soll. Denn ein Chor ist fast bei jedem Gesang hinter dem Theater plaziert und gibt einerlei Noten mit dem Schauspieler an.

Das Orchester spielt ebenfalls unisono und ist auf dem Theater selbst. Wenn zwei Heere im Handgemenge sind, so ist der Lärm mit den Los und Trommeln ganz entsetzlich und die Masken der Krieger und Geister oder Dämonen sind fürchterlich verzerrt und beschmiert.

Was nun die chinesische Schrift anbetrifft, so habt ihr, junge Leser, solche gewiß schon oft auf Teekisten und anderen wirklich oder zum Schein von China importierten Gegenständen gesehen, und die wunderlichen rätselhaften Zeichen wohl schwerlich vergessen. Um euch aber wenigstens einen kleinen Begriff der Bildung verschiedener Wörter und Zeichen zu geben, will ich hier die chinesischen Zahlen, wie auch einzelne Worte jener Sprache hersetzen, bei denen das beigefügte Deutsche sie erklären mag. In der Lesart selber haben die Chinesen Ähnlichkeit mit den Juden, denn sie lesen von rechts nach links, und zwar in langen Kolumnen von oben nach unten, so daß man also in der rechten oberen Ecke der Seite anfängt, hinabliest und dann die zweite Kolumne nimmt, die links dicht daneben steht.

Sechzehntes Kapitel

Wie wenig würden wir von dem ungeheuren chinesischen Reich wissen, hätten sich nicht die Missionare der Jesuiten mit einem fast unbegreiflichen Eifer dieser Sache angenommen und beinahe den ganzen Teil so trefflich vermessen, daß es wohl kaum einiger Änderung bedürfen würde. Seit jener Zeit hat sich jedoch manches verändert und die Provinzen von China, die damals aus fünfzehn bestanden, sind jetzt zu achtzehn angewachsen.

Kein Land der Welt, von diesem Umfang wenigstens, erfreut sich dabei eines günstigeren Klimas; da es jedoch an der östlichen Seite eines großen Kontinents liegt, folgt China der allgemeinen Regel, die man bei solchen Ländern überall bestätigt gefunden hat, nämlich: heftige Kälte im Winter, wie dagegen sehr starke Hitze in den Sommermonaten.

Die Oberfläche Chinas ist von verschiedener Erhebung und steigt gewöhnlich von der See terrassenförmig westwärts auf; außerordentlich hohe Gebirge finden sich aber nicht, und nur zwei wirkliche Ketten durchziehen das ganze Land.

Die nördlichen Provinzen, Pe-che-lee, Schan-tung und Schan-see, haben ausgedehnte Flächen und ihr Klima ist im Winter äußerst streng. Im Peche-lee sind viele große Städte, wie z.B. Pao-ting-fou, Tien-sing-fou und Peking, die Hauptstadt des Kaiserreichs. Über Peking selbst muß ich später noch etwas ausführlicher werden.

Kiang-nan — jetzt aber in Keang-soo und Gan-hoey geteilt — Tchekiang, Kiang-see, Honan und Hou-quang, sind die Mittelgrenzen, von denen die letztere, Hou-quang in letzter Zeit ebenfalls wieder in Hoo-nan und Hoo-gen geschieden ist. Die berühmte Stadt Nanking liegt in Kiangnan und wurde, als es noch die Residenz des Reiches war, „der südliche Hof" genannt. Honan liegt im Herzen Chinas zwischen den beiden großen Flüssen Hoang-ho und Yang-tse-kiang; die Bewohner des himmlischen Reiches nennen es „die Blume der Mitte" und es wird auch in der Tat für den Garten Chinas gehalten.

Die südlichen Provinzen sind Quang-tung, was auch Kwong-tung oder Kanton genannt wird, dann Fokien und Quang-se. Hier liegen, außer Kanton, noch manche anderen wichtigen Städte, wie Fochan, Tchao-king-fou, Chao-tcheou-fou, Nan-young-fou usw.

Die westlichen Provinzen, die an die Tatarei grenzen, sind Schen-sy — ebenfalls jetzt auch noch in Kan-so abgeteilt — Se-tchuen, Koei-tcheou und Thun-nan. Dieser Teil von China ist gebirgiger, als irgend ein anderer, und in den Schluchten und tief versteckten Tälern der „ewigen Hügel" hausen die Mear-tzze, die Colos und andere unabhängige, fast noch wilde Stämme.

Die Inseln von China sind zahlreich, viele von ihnen freilich unbedeutend. Zu den wichtigsten gehört Hai-nan, die über fünfzig Leaguen (ca.150 Meilen) lang sein wird; dann Formosa, östlich von Fo-kieng, etwa zweihundertundfünfzig Meilen lang und achzig breit. Die Einwohner von Formosa unterscheiden sich aber, beiläufig gesagt, in mancher Hinsicht von den Chinesen. Die andern Inseln liegen größtenteils in Gruppen wie die Ladronen, z.B. die Piscodores und die Chu-sans.
Das Kaiserreich von China hat herrliche Flüsse und Kanäle. Wichtig darunter ist der „Erstgeborene des Ozeans", der Yang-tse-kiang, der in Tibet entspringt; er ergießt sich mitten durch das Kaiserreich und fließt in das Gelbe Meer, dessen Ufer manche wackre Stadt ziert.
Das nördliche China ist stolz auf seinen Hoang-ho oder Gelben Fluß, während der Si-kiang seine Wasser südlich treibt bis in das Chinesische Meer hinunter. Für Handel und Verkehr sind diese Ströme von unberechenbarem Nutzen, in der Tat auch von nicht unbedeutender Breite und Tiefe, obgleich sie in ihrem Umfang von den Hauptströmen Amerikas übertroffen werden.
Vielleicht habt ihr schon einmal, liebe Leser, von einem Kanal gehört, dessen Bau vierzig lange Jahre hindurch dreißigtausend Menschen beschäftigte. Es ist dies der kaiserliche Kanal in China, der siebenhundert Meilen lang ist und Peking und Kanton miteinander verbindet; und wirklich, mit ungemeiner Umsicht wurde gerade dieser Kanal angelegt, der den Norden und Süden Chinas zusammenführt, während die östlichen und westlichen Teile des Landes durch die Ströme vereinigt werden.
Seit jener Zeit, in welcher die Mongolen aus China vertrieben wurden, ist Peking die Hauptstadt des Landes geblieben und in der Tat auch eine wunderbare Stadt; sie liegt in einer fruchtbaren Ebene in der Provinz von Pe-che-lee und wird, da sich der Kaiser dort aufhält, die nördliche Residenz genannt.
Peking besteht, wie die meisten chinesischen Städte, aus zwei Teilen; der neue und bevölkertste Teil derselben wird die chinesische Stadt genannt; der andere ist alt und heißt die Tatarenstadt. Beide haben starke Wälle, mit Türmen gesichert; die Mauern sind an manchen Orten sechzig Fuß hoch und verhältnismäßig dick.
Die Straßen von Kanton sind sehr eng, die von Peking dagegen breit und gewöhnlich von Volk gedrängt.
Wunderlich ist das Treiben in den Straßen dieser Stadt; Massen von Menschen bewegen sich hier frei nach allen Seiten auf einem Platz, der kaum ihre Zahl zu fassen scheint, und ein ewiges Wogen der Menge wälzt sich herüber und wieder hinüber. Alle Arten von Handwerkern halten, wie in Kanton, in den Straßen feil; Bettler schlagen, um die Aufmerksamkeit der Vorübergehenden zu erregen, ihre Bambus aneinander; Taschenspieler

und Quacksalber versammeln ganze Scharen um sich und durch diese hindurch sprengen die Vorreiter der Großen zu Pferde nach allen Seiten hin und versuchen Raum zu machen für die ersten Mandarine und Prinzen von Geblüt, die sich von einem Teil der Stadt zu einem andern begeben wollen.

Höchst wunderbar kommt es dabei dem Europäer, der an die vaterländischen Städte gewöhnt ist, vor, die Straßen so belebt und nicht eine einzige Frau dazwischen zu sehen, doch die Gewohnheiten in Europa und Asien sind unterschiedlich. In dem ersteren werden die Frauen geachtet und haben die Freiheit ihrer Bewegungen und Handlungen, in Asien dagegen, vorzüglich aber in China, verachtet man sie nicht selten und hält sie meistens Gefangenen gleich.

Mitten im Herzen der Tatarenstadt steht der kaiserliche Palast von hohen Mauern umgeben und streckt seine Gebäude, Höfe, Gärten, Parks und Teiche nach allen Seiten aus. Tausende von Toren, Galerien, Säulen, Wällen und Pavillons ziehen das Auge auf sich, und der Raum den sie bedecken, ist wirklich ungeheuer. Die Tribunale und Schatzkammern, die Garderoben, Vorratshäuser, Officen, Tempel, Statuen und Bäume, dazu der inmitten gelegene See mit den kostbar gearbeiteten Gondeln darauf, das alles trägt bei, die Szene zu einer der regsamsten und belebtesten zu machen.

Von wunderbarer Pracht ist der hohe und ungeheure Audienzsaal mit seinen kostbaren Teppichen, seinem Thron, seinen vergoldeten Rauchgefäßen und künstlich geschmückten Säulen, den grünverzierten Wänden und goldnen Drachen. Noch großartiger dagegen der innere Hof mit seinen Bädern und Lusthäusern, seinen Löwen und Drachen und dem feingearbeiteten kleinen Schloß von vergoldetem Messing, in welchem fortwährend Wohlgerüche verbrannt werden. Hier, in den kostbarsten Gemächern residiert Se. Kaiserliche Majestät, der mächtige Taou-kwang, der „Sohn des himmlischen Firmaments", der „große Vater seines Volks".

Wollte ich aber jetzt alle die einzelnen beschreibenswerten Teile schildern, die dieser Palast, wie Peking selbst, enthält, ich würde gar nicht fertig; obgleich etwas die Beschreibung Chinas sehr erleichtert; man findet überall dieselben Mauern und Tore, dieselben alten und neuen Städte und Tempel, niederen Häuser, engen Straßen, Mandarine, Bonzen, Chaisenträger, Barbiere, Jongleure, Bettler usw.; es bleibt sich gleich, der Reisende glaubt sogar manchmal, er sei zu derselben Stadt zurückgekehrt, von welcher er ausgelaufen, wenn dem nicht hie und da die veränderte Landschaft widerspräche.

Einen Ort muß ich jedoch noch erwähnen, und zwar Nanking, früher die südliche Residenz und auch jetzt noch, obgleich nicht mehr die Hauptstadt, doch sicherlich die größte Stadt des Kaiserreichs. Nanking hat einen solchen Umfang, daß die Chinesen behaupten, wenn zwei gut berittene Reiter von einem Tor der Stadt nach entgegengesetzten Richtungen hin morgens absprengten und sich immer dicht an der äußeren Mauer hielten, erst abends wieder zusammenträfen. Das ist mehr, als Schleiz, Greiz und Lobenstein von ihren Hauptstädten sagen könnten.

Nanking hat jedoch, als es aufhörte Residenz zu sein, auch viel von seiner Größe verloren und bietet nun wenig Merkwürdiges mehr, als eben seinen Umfang. Es liegt ziemlich auf halbem Weg zwischen Peking und Kanton, den beiden bedeutendsten und einander am entferntestgelegenen Handelsplätzen im Norden und Süden.

Ich kann aber Nanking nicht nennen, ohne wenigstens den Porzellanturm zu erwähnen, und zwar deshalb zu erwähnen, damit meine jungen Leser nicht etwa glauben, er sei aus lauter Porzellan errichtet. Das ist keineswegs der Fall. So gut aus Steinen erbaut wie jeder andre Turm, sind nur die äußeren Platten oder Fliesen Porzellan und geben dem Ganzen natürlich dadurch gerade das Aussehen, als ob auch sein Inneres aus derselben Masse bestände. Es geht uns ja auch bei den Menschen kaum besser, die wir ebenfalls, wenn wir den inneren Kern nicht recht genau untersucht haben, nach der äußeren Schale beurteilen müssen.

Wenige Menschen gibt es wohl, die noch nicht von der großen chinesischen Mauer gehört haben; diese wurde vor mehr als zweitausend Jahren gebaut, um die Einfälle der Tataren abzuhalten. Sie erstreckt sich an der ganzen nördlichen Grenze hin über Berge und Täler, über Flüsse und Felsspalten, eine ungeheure Strecke lang. Die Höhe derselben mag an den meisten Stellen dreißig Fuß betragen, die Türme, die in mäßigen Entfernungen voneinander errichtet stehen, sind etwa vierzig hoch. Die Mauer ist jedoch nur außen und innen von Stein oder Backsteinen; in der Mitte dagegen mit Erde ausgefüllt. Jetzt steht sie freilich ziemlich nutzlos da, ein starres Denkmal jener wilden Zeiten.

An Brücken ist China ebenfalls ausgezeichnet; so steht bei Lo-ko-ky-au eine von weißem Marmor mit kolossalen Löwen und siebzig Säulen an jeder Seite; eine andere zwischen zwei- und dreitausend chinesische Fuß lang, durch mehr als zweihundertundfünfzig hohe Pfeiler gestützt, überspannt bei Swen-chew-fu einen Arm der See.

Pagoden sind zahllos. Der Porzellanturm zu Nanking ist eine der berühmtesten und zweihundert Fuß hoch mit neun Stockwerken.

Siebzehntes Kapitel

Die Manufakturen Chinas sind in mancher Hinsicht ausgezeichnet. Das Porzellan des kaiserlichen Reichs ist bis jetzt sogar noch von keiner europäischen Fabrik übertroffen; daran trägt aber auch vielleicht die Güte der dort gefundenen Masse die Schuld; die dazu benutzte Erde ist aller Wahrscheinlichkeit nach viel vorzüglicher als wir sie hier haben, die Erfindung desselben haben wir ebenfalls von den Chinesen und sind ihnen dadurch sicherlich zu großem Dank verpflichtet.

Ebenso werden gefirnißte Waren in China in ungeheurer Masse und mit großer Geschicklichkeit gefertigt, und zwar gewöhnlich auf folgende Art: Zuerst arbeitet man das, was lackiert werden soll, auf das zierlichste aus Holz; dann wird dieses mit feinem Papier überklebt und nun mit einer Porzellanmasse dünn überstrichen; hierauf malt man nun die Figuren und überwäscht dieselben wieder und immer wieder mit jenem Firnis.

Auch eine vorzügliche Seide wird dort gefertigt, und welchen Wert die Chinesen auf deren Zucht legen, geht schon daraus hervor, daß, wie der Kaiser von China seit undenklichen Zeiten an einem gewissen Tag den Pflug selber führt, die Kaiserin einen Maulbeerbaum, die Nahrung des Seidenwurms, pflegt.

Das Glasblasen ist ebenfalls eine Kunst, in welcher die Chinesen exzellieren; Kopfputze, Schmuck, Ohrringe, Armbänder, Blumen, Federn, Ringe, Vögel, Tiere, Fische, Insekten, alles erzeugt die kunstfertige Hand des Glasbläsers in unglaublich kurzer Zeit, während er seine Gehilfen um sich herum hat, die ihm teils die nötigen Dienste leisten, teils Stirn und Schläfe mit großen Fächern kühlen müssen.

Noch eine andere Arbeit, oder vielmehr Spielerei, wird von ihnen mit großer Kunst betrieben; es ist das Feder-Mosaik, wodurch Figuren, Vögel und ganze Landschaften auf das zierlichste hergestellt werden.

Ein sonderbares Gelüste haben sie dabei, alles nur mögliche in groteske Figuren und Gestalten auszubilden, besonders benutzen sie dazu die Wurzeln des Bambus und mancher Bäume, die mit ihren knorrigen Auswüchsen vorzüglich dazu geeignet sind und oft die phantastischsten Gestalten und Stellungen hervorbringen.

Auch den Speckstein benutzen sie zum Figurenschneiden und dieser hat wenigstens in ziemlich bedeutender Anzahl seinen Weg nach Europa gefunden.

Die Arbeiten, die sie in Perlmutt ausführen, sind wirklich reizend, ebenso ihre Stickereien; und man weiß wirklich nicht, was man mehr bewundern soll, die Kunstfertigkeit oder die Geduld der Chinesen.

Das chinesische Papier, meistenteils aus Reisstroh gemacht, genügt allerdings ihrer Art zu drucken, ja eignet sich sogar vorzüglich für dieselbe,

würde uns hingegen nur sehr unvollkommene Dienste leisten.
Berühmt ist auch die chinesische Tusche, die man lange Jahre hindurch einer Flüssigkeit zuschrieb, die sie einem gewissen Fisch entnommen; Leim und sehr feine Lampenschwärze sind aber die Hauptmaterialien dieses ausgezeichneten Fabrikats. Die in Kanton gefertigte ist jedoch die geringere Sorte, die bessere wird in Pau-kum und Nanking bereitet.
Als ich die gedrängten Straßen von Kanton und Peking beschrieb, erwähnte ich auch das wunderliche Volk, das diese belebt und sein Geschäft in freier Luft betreibt. Unter diesen nimmt der Barbier einen bedeutenden, wenn nicht den bedeutendsten Platz ein. Mit seinen Rasiermessern und Bürsten, seinem Sessel, dem kleinen Kochofen und Wasser, wandert er fröhlich von einem seiner zahlreichen Kunden zum andern. Seine Dienste sind auch viel zu wichtig, als daß man sie entbehren könnte, denn nicht allein ist er ein Barbier und Haarschneider, sondern auch Meister in der heilenden Kunst und zugleich ein Shampooer aller derer, die seine Hilfe in Anspruch nehmen wollen. Da ihr aber wahrscheinlich noch nie etwas von Shampooen gehört habt, so wird euch die folgende Beschreibung wohl unterhalten.
Ein Chinese, ein ernsthafter dicker Mann, mit einer ungemein kurzen Nase und sehr großen Ohren, trat auf einen solchen Barbier zu, wechselte ein paar geheimnisvolle Worte mit ihm und setzte sich dann ruhig auf dessen Stuhl nieder. Der Barbier jedoch fing jetzt an, ihn mit ungemeiner Geschwindigkeit, und zwar mit den flachen Händen über den ganzen Körper hin zu klatschen; dann faßte er ihn erst an den Armen und dann an den Beinen und zog und ruckte aus Leibeskräften daran. Bald zerrte er ihn auf dieser Seite, bald auf jener halb vom Stuhl herunter und stieß ihn manchmal an den Kopf und manchmal in die Seite. Nun betippte er ihn wieder mit den Fingerspitzen von oben bis unten, machte ihm die Finger knacken und strich ihm Ohren, Schläfe und Augenbrauen; dann fing er an zu kratzen und zu stechen und zu reiben; dann reinigte er ihm die Nägel an Fingern und Zehen, schnitt ihm die Hühneraugen, schüttelte den ganzen Menschen noch einmal tüchtig durch und ließ sich nun für seine gewiß nicht unbedeutende Mühe ein sehr kleines Stück Geld von geringem Wert bezahlen.
Auch der Schuhmacher ist eine nicht unwichtige Person. Dort sitzt er mit seinem kleinen Körbchen neben sich, das seinen ganzen Vorrat und sein ganzes Werkzeug enthält. Seine kolossale Brille hängt ihm dabei über Ohren und Nase, und sein Fächer, wie seine Pfeife, unentbehrliche Gegenstände selbst für einen Schuhflicker, liegen ebenfalls neben ihm, damit er sie leicht erreichen kann.
Dort drüben steht auch der Geflügelhändler mit seinem Bambuskäfig voll lebendiger Vögel, und gleich neben ihm wandert ein ruhiger Kesselflicker

Wandernde Kesselflicker

mit seinen Hammern und Zangen und Drahtgeflechten, indessen eine Masse Männer mit ihren Pfeifen ihn umstehen und selbst Kinder sich hinzudrängen, seine Arbeit zu bewundern. Kinder? — Die kleinen Dinger mit ihren spitzen Hüten und den altväterischen Gesichtern gleichen wahrlich eher Gnomen, die nur an Gestalt und Größe zurückgeblieben, sonst aber alle ehrwürdig genug sein könnten, größtenteils Familie zu haben.

Auch die Puppenspieler sammeln viel Volk um sich, und die kleinen hölzernen Figuren werden rasch und geschickt gehandhabt.

Ja, es ist ein eignes Leben in China, und all das abenteuerliche Volk, das den Fremden hier umgibt, die Schlangen- und Hundeverkäufer, Blumen- und Fruchthändler, Matrosen, Last- und Sesselträger, Bettler und sonstiges Gesindel, drängt sich in solch bunten Massen vor sein Auge, daß er in der ersten Zeit all die Gestalten und Wesen kaum zu begreifen vermag, und nur immer und immer wieder glauben will, es sei ein wunderlicher Traum, der ihn umgebe.

Achtzehntes Kapitel

Da der Handel mit China schon seit jener Zeit, wo es bekannt geworden, für Europa von größter Wichtigkeit gewesen ist, so war es auch natürlich, daß die verschiedenen Staaten, die imstande waren, mit jenem fernen Lande in Verbindung zu treten, alles mögliche taten, um die Schwierigkeiten zu beseitigen, die sich ihnen darin entgegenstellten. Sie schickten deshalb Gesandte ab, um sich Kaiser wie Regierung geneigt zu machen und ihr Vertrauen wie ihre gute Meinung zu gewinnen und zu erhalten.

Die Portugiesen waren die ersten europäischen Händler, die mit China in wirklichen Verkehr traten. Fernando Perez d'Andrada lief 1517 in die Straße von Kanton ein. Später wurde von Portugal aus eine Gesandtschaft nach Peking geschickt, was die Folge hatte, daß den Portugiesen in Macao ein Platz eingeräumt wurde, auf welchem sie sich eine Niederlassung gründen konnten.

Die Portugiesen blieben jedoch nicht lange ohne Nebenbuhler; die Holländer, Spanier, Franzosen, Engländer, Amerikaner und noch andere Nationen sandten auch ihre Schiffe auf denselben Handelsmarkt. Auch katholische und Jesuiten-Missionare suchten zu gleicher Zeit ihren Glauben zu verbreiten.

Im Jahre 1653 segelte ein holländischer Kaufmann namens Schedel mit einem reichbeladenen Schiff nach China und hoffte dadurch mit dem Land in Handelsverbindung treten zu können, wurde aber höchst unfreundlich, ja sogar roh empfangen. Man öffnete seine Kisten, warf seine Geschenke

mit Hohn und Geringschätzung umher und schleuderte ihm die Empfehlungsbriefe, die er mitgebracht, ins Angesicht, ja das Volk schrie sogar, man solle ihn fesseln. Später wurde man allerdings etwas freundlicher gegen ihn und bewirtete ihn gut, weitere Vorteile erlangte er aber nicht.
Zwei Jahre später ankerte eine holländische Gesandtschaft im Kantonfluß, wo sie durch ungeheure Geschenke erkaufen mußte, nach Peking gehen zu dürfen. Dort hatte sie eine Audienz beim Kaiser, der ihr aber keineswegs gestattete Handel zu treiben, sondern nur die Erlaubnis gab, ihm alle acht Jahre ihren Besuch abzustatten und die Geschenke demutsvoll vor die Füße zu legen. Vom Kaiser vernachlässigt, von den Mandarinen förmlich ausgesogen und vom Pöbel verhöhnt und beleidigt, verließ endlich die Gesandtschaft den kaiserlichen Palast. Die Kosten dieses fruchtlosen Versuchs sollen sich auf siebzig bis achtzigtausend Taler belaufen haben.
Eine andere holländische Gesandtschaft machte 1667 nochmals einen Versuch, und erst 1693 erreichte eine russische Mission unter Everard Isbrad Ides die Erlaubnis, daß die Russen Handelsgesellschaften nach Peking senden konnten. 1719 sandten die Russen ebenfalls wieder eine Gesandtschaft unter Ismayloff, der sich sogar dazu verstand, die entehrenden Begrüßungen des Kniens und Küssens durchzumachen, trotzdem aber nichts weiteres erreicht zu haben scheint.
1792 ging Lord Macartney mit einer englischen Gesandtschaft nach Peking, um dort die Handelsverbindungen, welche England indessen schon in ziemlich bedeutendem Grade mit China angeknüpft, noch weiter auszudehnen. Die chinesischen Minister und Mandarine vermieden jedoch, soviel sie konnten, alles, was sich näher auf die Wünsche des Engländers bezog, der auch nach Ning-po, Chu-san, Tien-sin und anderen Orten seine Waren senden wollte. Nur einen Brief an den König von England bekam er mit, in welchem der Kaiser ihm ziemlich deutlich sagte, daß sich der britische Handel einzig und allein auf Kanton beschränken müsse „und", fügte er in dem Brief hinzu: „Beklage dich nun nicht, daß ich dir das nicht alles klar und deutlich auseinandergesetzt, und laß uns in Zukunft in Friede und Freundschaft miteinander leben." Lord Macartney wurde später von den Chinesen der „rotborstige Tributbringer" genannt.
1794 sandten die Holländer, trotz aller früher erfahrenen Unbill, noch eine Gesandtschaft ab, die eben wieder wie die frühere endete. Auch die Engländer machten unter Lord Amherst einen neuen Versuch, der übrigens ebenso erfolglos wie der erste blieb. Zuerst verlangten sogar die Chinesen ebenfalls jene entehrenden Begrüßungen, auf die sich die Russen, und bei der letzten Gesandtschaft auch die Holländer verstanden hatten. Lord Amherst weigerte sich dessen aber hartnäckig; dann sollte Lord Amherst, müde und matt vom Reisen, wie er eben eingetroffen war, und

ohne die Kleider zu wechseln, vor dem Kaiser erscheinen; das suchten einige der Mandarine von ihm abzuwenden und versicherten dem Kaiser, er sei plötzlich krank geworden. Eine Lüge tut aber selten gut. Der Kaiser sandte augenblicklich seinen Leibarzt hinüber und da dieser den Fremden vollkommen gesund traf und darüber auch berichtete, so entrüstete sich der himmlische Herr so sehr, daß er dem Barbaren befahl, augenblicklich die Stadt zu verlassen.
Im Jahr 1802 wurde die amerikanische Flagge zum ersten Mal in Kanton aufgehißt.

Neunzehntes Kapitel

Über die stehende Armee von China existieren so wunderliche und verschiedene Gerüchte, daß es ungemein schwer sein dürfte, etwas Bestimmtes darüber anzugeben. Zu solcher ungeheuren Volkszahl aber, und unter dem despotischen Zepter eines Alleinherrschers, kann man sich auch wohl denken, daß eine große Truppenzahl dazu gehört, um nicht allein die ungeheuren Grenzen des Reichs gegen außen zu sichern, sondern auch im Innern Ruhe und Ordnung zu erhalten.
Viele hunderttausend Soldaten bilden gewiß das ganze chinesische Armeekorps, eine genauere Zahl aber zu bestimmen, wäre wohl unmöglich, da auch noch ohnedies eine Art Landwehr besteht, zu der die Männer heute gehören, während sie morgen schon wieder ihre Ackerwerkzeuge nehmen und das Land bebauen.
Wenn man die chinesischen Theater zum Maßstab annehmen wollte, so müßte das Volk den Krieg sehr lieben; denn dort finden gewöhnlich ganz entsetzliche Gefechte und Überfälle statt, bei denen das Volk ganz außer sich gerät. Ein altes Sprichwort lautet aber: die Hunde die bellen, beißen nicht, und ich glaube selber, daß es ein besseres Zeichen für chinesische Tapferkeit wäre, wenn ihre Schilde und Rüstungen weniger mit solch gräßlichen Drachen und Ungeheuern bemalt wären und das Wort „tapfer" nicht auf ihren Jacken eingenäht stände. Das kann sich jedoch auch noch von alten Zeiten herschreiben, denn damals wurde ihr Militär mit gar wunderlichen und wild klingenden Namen genannt, wie z.B. fliegende Drachen, Donnerwolken usw.
In manchem Gefecht mit den Engländern haben sie sich auch keineswegs als feige bewiesen, ja an einigen Orten sogar ihr Leben in toller Verzweiflung in die Schanze geschlagen. So stürmte, nach der Einnahme von Kanton, die Landwehr hervor, und nur ihre europäische Taktik konnte die Engländer vor dem wilden Angriff dieser verzweifelten Schar schützen.

Daß die Chinesen nicht mit europäischen Truppen kämpfen konnten, war eine Sache die sich voraussehen ließ; ebenso war es früher mit den Türken, die jetzt allerdings gefährlichere Gegner werden würden, als sie jemals gewesen, und vielleicht ihre früheren Verluste mit der Verbesserung ihres Heeres kaum zu teuer erkauft haben.

Einen imposanten Anblick gewährt die tatarische Leibgarde, die sogenannten Kriegstiger, die nach ihrer Kleidung benannt werden; sie tragen nämlich ziemlich enganliegende schwarz und gelb gestreifte Kleidung, an deren Mütze ein paar Hörner oder Ohren hervorstehen, was ihnen Ähnlichkeit mit dem Tier gibt, dessen Bild sie sich zum Zeichen gewählt.

Die ersten Offiziere in der chinesischen Armee sind Tataren, denn auf deren Mut und Disziplin glaubt sich der Kaiser besser verlassen zu können; sie empfangen auch höheren Sold. Überhaupt weigern sich die armen Leute selten oder nie, in die himmlische Armee einzutreten, da sie dort mehr Geld erhalten, als sie auf andere Weise und so regelmäßig verdienen könnten.

Grobe weite Nankingbeinkleider und eine rote Tunika mit weißer Einfassung charakterisieren den chinesischen Soldaten.

In verschiedenen Ländern haben auch die Farben wieder verschiedene Bedeutung. In England z.B. trägt die Armee rot und blau und die Marine ganz blau, Quäkerfreunde kleiden sich in Braun, und schwarz und grau wird für Trauer angelegt.

In China dagegen ist die kaiserliche Farbe gelb. Abkömmlinge von königlichem Geblüt dürfen eine goldgelbe Schärpe tragen und einen gelben Zügel anlegen; aber nur der Kaiser und seine Söhne allein kleiden sich ganz in Gelb. Purpur ist für die Enkel vorgeschrieben, und grün für die Stühle der Prinzessinnen. Grün sind auch die Bretter, die vor einem Verbrecher hergetragen werden, den man zur Exekution führt, und auf ihnen steht das Urteil und die Ursache, weshalb es gefällt wurde.

Blau tragen die Beamten dritten oder vierten Ranges; Rot ist das Symbol der Tugend, Wahrheit und Aufrichtigkeit, sowie die Farbe des höchsten Beamtenranges. Die Edikte des Kaisers werden in Zinnober geschrieben.

Schwarz kündet Laster und Verworfenheit und weiß ist die Farbe der Trauer, so daß ein chinesischer Gentleman, der in solcher Trauer mit seiner Tunika erscheint, gerade so aussieht, als ob in Europa ein Mann in sehr bedeutendem Negligé herumliefe.

Was nun die chinesische Armee betrifft, so bestehen deren Waffen aus eisernen Kanonen, Gewehren, Speeren, Bogen und Pfeilen, Schwertern und Schilden; in der Artilleriekunst sind sie jedoch noch sehr weit zurück. Ihre Kanonen haben z.B. gar keine Lafetten, sondern liegen fest und unbeweglich; auch die Gewehre sind so unbehilflich, daß sie Bogen und Pfeile vorziehen.

Chinesische Truppen

Die Offiziere der Armee sind aber selbst nicht einmal von körperlichen Strafen ausgenommen, und es fällt gar nicht selten vor, daß man einen von ihnen mit dem Langue, oder dem beweglichen Block auf den Schultern — eine Strafe, die ich später näher beschreiben werde — einhergehen sieht. Schade nur, daß man der Erzählung kriegerischer Taten einer Nation nicht leicht Glauben beimessen darf; würde man es tun, so müßten die Chinesen in früheren Zeiten glänzende Siege erfochten haben. So findet sich das wenigstens auf den zahlreich im Lande zerstreuten Triumphbogen angegeben.
Die Seemacht Chinas befindet sich in einem noch traurigeren Zustande, als ihre Landarmee und nichts in der Welt hätte sie wohl mehr in Erstaunen setzen können, als unsere Dampf- und Kriegsfregatten, die allerdings gegen ihre schlecht betakelten, schwach bemannten und nur mit wenigen Kanonen versehenen Kriegsdschunken gar sehr abstachen. Die Anzahl der Schiffe dagegen, die des Handels und Vergnügens wegen die chinesischen Flüsse befahren, grenzt ans Unglaubliche.
Dschunken, Schmugglerboote, Mandarinboote, Sampans und hundert andere kreuzen fortwährend ihre Bahn und geben jenen Gewässern ein ungemein regsames und bewegtes Leben.
Etwas hat übrigens die chinesische Schiffsbaukunst, was für die Europäer ebenfalls nachahmungswert wäre, und was sogar Amerikaner, wenigstens einzelne westliche Dampfboote, schon nachgeahmt haben. Es ist die Abscheidung des inneren Raumes der Schiffe in mehrere Teile, die durch Balken getrennt werden und deren Säume man dann durch ein aus Leim, Öl und Bambusspänen bestehenden Zement ausfüllt, der nicht allein keinen Tropfen Wasser hindurchläßt, sondern überdies unverbrennlich sein soll. Diese Sitte muß auch als ziemlich praktisch anerkannt sein, denn sie ist durch das ganze Kaiserreich verbreitet.
Daher kommt es denn auch, daß manchmal verschiedene Kaufleute ihre Waren auf einem und demselben Schiffe haben und der eine die seinigen gut und in bester Ordnung empfängt, während die des anderen durch ein Leck oder sonst einen Unfall beschädigt wurden. Ein solches Schiff mag gegen einen Felsen anrennen und sinkt doch nicht, denn das Wasser das dort einströmt, kann nur die eine Abteilung füllen, und die andern sind dann noch immer genügend, es über Wasser zu halten.
Da ich gerade von verunglückten Schiffen rede, so fällt mir hier ein Edikt des Kaisers von China ein, das wenigstens in dieser Hinsicht viel Teilnahme und Mitleid bekundet. Es lautet:
„Im ganzen Bereich unserer Küste werden häufig fremde Schiffe und Menschen durch stürmische Winde ans Ufer geworfen. Es wird hiermit also allen General-Gouverneuren und Gouverneuren befohlen, daß sie gut acht haben und die Beamten vorzüglich dazu anhalten, den Fremden

freundlich zu begegnen; auch die öffentlichen Gelder dazu verwenden, den Unglücklichen Nahrung und Kleidung zu reichen, wie auch ihre Schiffe wieder auszubessern. Nachher sollen ihnen ihre Güter wieder übergeben und sie selbst in ihre Heimat zurückgesandt werden. Beachtet dieses und laßt es ein immerwährendes Gesetz sein."
Die Chinesen lieben auch Feuerwerke ungemein und haben in der Verfertigung derselben außerordentliche Geschicklichkeit gewonnen, besonders sind die Figuren und Gestalten wunderbar und eigentümlich, die sie ihnen zu geben wissen. Ein in Kanton einst abgebranntes Feuerwerk stellte eine Weinlaube dar, an der Stämme, Zweige, Blätter und Trauben, alles in seinen gehörigen Farben, erkannt werden konnte; dann kamen unzählige Raketen, die nach allen Seiten hin in die Luft sprudelten, und funkelnde Sterne, zischende Schlangen und fliegende Drachen vorstellten, und zuletzt erschien eine gewaltige Masse von mit verschiedenen Inschriften versehenen Laternen, zwischen denen ein förmlicher Regen von Leuchtkugeln die Nacht in Tageshelle verwandelte, in welche Glut auch noch feuersprudelnde Kandelaber und glühende, ringelnde Säulen emporstiegen. Der Schlußeffekt übertraf jedoch noch alles. Der chinesische Drache glühte in all seiner Herrlichkeit und von Bannern aller Art umgeben, während tausende von geflügelten Geschöpfen ihn umschwärmten. Über dem Drachen stieg da plötzlich das Bild des Kaisers hervor, das sich gleich darauf in blendendes Gelb und Weiß verwandelte, während den Kopf desselben ein blitzender grüner Schein umgab, und nun, mit einem Donner, als ob die Welt zusammenbräche, ein solcher Strahl von Raketen prasselnd emporstieg, wie ihn ähnlich kaum ein Vulkan hätte erschaffen können. Der Eindruck, den diese gewaltige Feuermasse auf den Zuschauer machte, war wirklich außerordentlich.

Zwanzigstes Kapitel

Der Kaiser wird unter seinen andern zahlreichen Titeln auch Dolmetscher der himmlischen Gesetze genannt und sein Wille ist das höchste Urteil. Man kann weiter nirgends hin dagegen appellieren. Er erwählt seinen Nachfolger, die Leben seiner Untertanen sind in seiner Hand und mit dem Atmen seines Mundes kann er die Armen und Reichen zerstören. Es ist fürchterlich, eine solche Macht zu besitzen, fürchterlicher aber fast noch, eine solche Verantwortung zu tragen. Der Kaiser ist auch zugleich der hohe Priester des Reiches und als solcher gar häufig mit mühseligen Zeremonien und Prozessionen geplagt.
Die Edikte des Kaisers werden rot geschrieben, denn durch den Zinnober-

pinsel macht er seine Gesetze bekannt. Solange er lebt, betrachtet ihn auch sein Volk als einen Gott; „Einen Gott im Himmel und einen Kaiser auf Erden" lautet ihr Sprichwort, und auf Erden im allerweitesten Sinne, denn bis vor nicht gar so langer Zeit glaubten sie, daß es außer China gar keine Welt mehr gäbe und ihr Herrscher also auch der Herrscher der Welt sei.

Auch die Kaiserin ist sehr geachtet, und während ihr Gatte den Himmel vorstellt, repräsentiert sie die Erde.

Die kaiserliche Familie, die Prinzen von Geblüt, werden nach des Kaisers Willen zu Königen gemacht.

In China existieren zwei Hauptgerichtshöfe, der erste von diesen besteht aus Prinzen von Geblüt, der zweite aus eben denselben, doch mit Zuziehung von Ministern. Zu den Geheimberatungen des Kaisers werden jedoch nur vier Hauptmitglieder gelassen, die von erprobter Weisheit und Umsicht sein müssen. In diesem Amt wechseln sich denn auch Mandschus, Tataren und Chinesen ab, und zwei Assistenten sind ihnen beigegeben; aber nur bei wichtigen Staatsberatungen ruft sie der Kaiser zusammen.

Im kaiserlichen Kabinett sind auch noch sechs Tataren und vier Chinesen als Gouverneure für die Provinzen bestimmt, und vier Mandschus, zwei Mongolen und zwei Chinesen examinieren die Übersetzungen von Dokumenten und senden sie ihrer Bestimmung zu.

Außer den sonst gewöhnlichen Behörden, die sich in nichts Besonderem von denen andrer Länder unterscheiden, gibt es auch noch eine, und zwar das Too-cha-yuen oder die Office der Zensoren, die allerdings einer näheren Erwähnung verdient. Dies Zensorengericht besteht aus vierzig oder fünfzig Mitgliedern, die von segensreichster Wirkung sein könnten, wenn sie nämlich das täten, was ihnen ihr Amt eigentlich auflegt. Sie haben zwei Präsidenten, von denen der eine ein Chinese und der andere ein Tatar ist, und sind so verteilt, daß sie sowohl am Hof wie im Lande alles beobachten und das tadeln können, was Unrecht ist. Ihnen ist selbst das Privilegium gegeben, Rat oder Ermahnung an den Kaiser zu senden, ohne deshalb Strafe fürchten zu müssen. Das geschieht aber selten. Wenn sie ihre warnende Stimme erheben sollten, schweigen sie gewöhnlich, und sobald sie einmal etwas sagen, werden sie trotz des Gesetzes, das sie schützt, degradiert und gestraft.

Die Mandarine sind die Magistratspersonen des Kaiserreichs; ihre Zahl kann aber nicht bestimmt werden, wenigstens nicht von einem Fremden, denn sie verbreiten sich in alle Zweige des Staats und werden sowohl bei Zivil als Militär Mandarine genannt, wobei sie sich jedoch durch ihre Grade wieder unterscheiden. Der höchste oder erste dieser Grade trägt oben auf der Mütze einen Knopf von Rubinen, der zweite von Korallen,

der dritte von Saphiren, der vierte von Türkisen, der fünfte von Kristall, der sechste von weißen Opalen oder Perlen, der siebente von verarbeitetem Gold, der achte von einfachem Gold, der neunte und geringste Grad einen von Silber. Die Mandarine bilden den eigentlichen Adel Chinas, denn die wirklichen Prinzen haben wenig Einfluß.
Hie und da kann man auch einen Mandarin mit zwei Pfauenfedern sehen, solche sind aber sehr selten, denn keine dürfen diese Auszeichnung tragen, die nicht dem Staat irgendeinen wichtigen Dienst geleistet haben. Taou-Kwang gibt wohl oft einen Knopf, selten aber eine solche Feder weg.

Einundzwanzigstes Kapitel

Die Spiele verdienen, wenn man die Eigentümlichkeiten des Volkes aufzählt, gewiß einen der ersten Plätze darin, denn in ihnen spricht sich gewöhnlich der Charakter niederer wie höherer Klassen aus. Es ist das, worin sich der Mensch natürlich gibt, was ihm selbst, ohne dabei Rücksicht auf andre zu nehmen, zusagt, und deshalb will ich auch hier über die Spiele der Chinesen einige Worte sagen, da sie ja auch zu den Skizzen notwendig gehören.
Die höheren Klassen der Chinesen halten Hasardspiele für infam, wenigstens tun sie das öffentlich, und dem Europäer ist es bis jetzt noch nicht gelungen, so weit in das Geheimnis ihrer Privatwohnungen einzudringen, um etwas andres von ihnen zu sehen, als was sie ihn eben sehen lassen wollen. Die niederen Klassen, und die, deren Leben man leichter und näher beobachten konnte, wetten sehr gern, und Schach, Domino, Karten und Würfel sind in fortwährendem Gebrauch.
Ein lebendigeres, gesünderes und heitereres Spiel ist dagegen das des Federballs, obgleich die Stellungen, welche die Himmlischen dabei einnehmen, eher pittoresk als malerisch sind, da ihnen die dicken Sohlen ihrer Schuhe zu Rackets oder Schlaghölzern dienen, während sie nur dann und wann die Hand mit ins Spiel bringen. Sie bilden dabei einen Kreis und haben gewisse Bestimmungen, nach welchen die eine oder die andere Partei den Ball nicht auf die Erde kommen lassen oder ihn einem der Beteiligten hinüberspielen muß.
Jede Nation hat bei ihren Spielen Eigentümlichkeiten. Die Spanier lieben ihre Stier-, die Engländer ihre Hahnenkämpfe, obgleich diese in letzterer Zeit auch etwas aus der Mode gekommen sind. Die Chinesen dagegen lassen Wachteln gegeneinander kämpfen, oder setzen auch wohl Heimchen in große Schüsseln und amüsieren sich königlich, wenn die kleinen gegeneinander geschüttelten Dinger ärgerlich werden und anfangen sich zu zerreißen.

Ein besonderes Vergnügen der Chinesen sind die Papierdrachen aus Seidenpapier und gespaltenem Bambus, die sie in allen möglichen Formen und Gestalten herstellen. Wunderbar hoch gehen diese buntfarbigen Dinger und steigen zu so schwindelnder Höhe empor, daß das Auge oft gar nicht imstande ist, ihnen zu folgen.
Manche sind dabei wie Menschen, manche wie Drachen und Tiger, manche wie Fische und andere wieder wie wirkliche Vögel gestaltet, und besonders die letzteren, wenn sie in ziemlicher Höhe die Luft durchschneiden, daß man die daran befestigten Schnüre nicht mehr erkennen kann, gleichen wirklichen Vögeln auf das Vollkommenste. Dabei haben sie kleine Löcher, die über die Fäden gespannt sind, so daß sie, wenn der Wind hindurchpfeift, wie äolische Harfen klingen.
Das Drachensteigenlassen ist übrigens zum wirklichen Nationalvergnügen der Chinesen geworden, und zahllose Scharen eilen am neunten Tag des neunten Monats in die Hügel hinaus, sich diesem Vergnügen hinzugeben.
Ein besonderer Vorteil besteht dabei darin, den Drachen seines Nachbars dadurch niederzuziehen, daß man seinen eignen Faden über den seinigen wirft, und manchmal wird das sogar der Anlaß zu harten Worten und noch härterern Schlägen.

Auch Bootsregatten werden, besonders am fünften Tag des fünften Monats gehalten, und das regelmäßige Einschlagen der Ruder sucht man durch den Schall von Gongs zu ordnen.

Eine ziemlich wichtige Rolle spielen in China die Wahrsager. Ihre Tische stehen unter freiem Himmel und sind mit Büchern, Schreibmaterial, einer Metallplatte, Schwamm, einer Schüssel mit kleinen Papierrollen und einer Vase versehen, in welcher auf gewisse Art bezeichnete Bambusstücke liegen. Für eine Kleinigkeit an Geld kann jeder, der zu wissen wünscht, was ihm die Zukunft Trauriges oder Rosiges birgt, hier alles das erfahren, worüber Gott in seiner unendlichen Güte einen Schleier gedeckt. Hat er das Geld bezahlt, so zieht er eine von den Papierrollen und eins von den Bambusstückchen, und nach diesen setzt nun der weise Mann jedem Holzkopf, der dort mit ihm seine Zeit vergeudet, alles das auseinander, was ihm künftig in diesem Leben begegnen wird.

Eine andre Menschenklasse sind die Jongleure oder Taschenspieler, die fast den indischen Gauklern an Geschicklichkeit gleichkommen. Ihre einzelnen Kunststücke grenzen manchmal an das Wunderbare.

Im Katalog der chinesischen Sammlung ist die folgende Beschreibung davon gegeben:
Ein Mann nimmt aus einem Korb eine ausgestopfte Ratte, diese zeigt er der ihn umstehenden Menge und macht diese wirklich glauben, daß es ein lebendiges Tier sei, das er eben vorgenommen habe; während er die Gurgel dieses Tiers zwischen Daumen und Zeigefinger nimmt, drückt er den Rachen desselben auf und ahmt das Schreien und Röcheln der gequälten Ratte auf solch treffliche Art nach, daß man eine Täuschung fast für unmöglich hält. Mit rasend schnellen Bewegungen sucht jetzt plötzlich das scheinbar geängstigte Tier seinen Händen zu entgehen; hier schlüpft es ihm unter dem Arm durch, dort läuft es an seinem Bein hinab, läßt sich fallen und springt in die Höhe, immer wieder aber fängt es der Taschenspieler; bald erwischt er es beim Schwanz, bald an einem Bein und, jedesmal kündet der gellende Schrei, wie weh er ihm dabei getan. Wenn aber endlich selbst die, die früher wußten, es hat nur ein ausgestopftes Fell, anfangen überzeugt zu werden, sie hätten sich doch geirrt, dann faßt er plötzlich die in Todesangst wild aufkreischende Ratte, hält sie mit ausgestreckten Armen hinaus und zieht die Baumwolle hervor, die das Fell bis dahin ausgespannt erhalten hat.
In den Straßen von Kanton zeigen sich ebenfalls zwei Männer aus Nanking, die ein Messerspiel zusammen aufführen. Der eine, bis auf den Gürtel entkleidet, stellt sich mit dem Rücken gegen eine Brettwand und sein Gefährte, mit einem großen Messer bewaffnet, zieht sich dann in eine Entfernung von fünfzig bis sechzig Schritt zurück. Hier schwingt er nun seine Waffe und schleudert sie dann mit fürchterlicher Sicherheit auf ein gegebenes Zeichen nach seinem Gefährten, während auch schon im nächsten Moment der scharfe Stahl dicht unter dessen Ohr, und kaum Messerrückenbreite von seinem Hals entfernt, in der Wand zittert. Solches Vertrauen hat aber der eine auf die sichere Hand des andern, daß nicht ein Zucken der Muskeln, ein Blinzeln des Auges, Angst oder Besorgnis verrät, und doch würde ein einziger Zoll Abweichung in jenes Wurf den unvermeidlichen Tod zur Folge haben.
Wieder und wieder gehen die beiden durch dieses Kunststück, oder eigentlich Probe von Kunstfertigkeit, und das Werfen wechselt nur mit dem Teil des Körpers, in deren Nähe er seine Waffe schleudert, und zwar nach dem Gefallen der Zuschauer, die bald Kopf, bald Hand, bald Nase zur lebendigen Scheibe wünschen.
Eine andere Tat ist ebenso nervenerschütternd. Ein Mann mit einer Art Dreizack bewaffnet, welcher an einer Stange von hartem Holz befestigt ist, wirft mit ungeheurer Stärke diese Waffe perpendikulär, und zwar ziemlich hoch in die Luft. Mit raschem Blick folgt er dort jeder ihrer Bewegungen und sobald sie ihren Zenit erreicht hat, so daß er den Platz be-

stimmen kann, auf welchen sie wieder herunterkommen muß, springt er dorthin und weiß so genau den Ort zu treffen, wo er sich noch in nächster Nähe, aber außer Gefahr befindet, daß der dreigespitzte Stahl sausend neben ihm niederfährt und ihm oft noch die Kleider berührt, ohne daß er auch nur die geringste Bewegung macht ihm weiter auszuweichen.

Oft werden diese Taschenspieler auch in Gesellschaft von Bonzen getroffen, die dabei zugleich eine Art Taxe auf das Publikum legen. Nicht selten zieht dann einer von ihnen auf einem zahmen Tiger herum, während der andere mit Holzstückchen, Mörsern, Kugeln, Schalen und Schwertern, die er auf einem Teppich vor sich ausgebreitet liegen hat, die wunderbarsten Sachen aufführt.

Amulette, um Krankheiten zu heilen, sind bei jedem Volk gebräuchlich, das noch Götzen und Fetische hat. Glauben doch selbst in unserem aufgeklärten Christenland eine Menge Menschen an solchen Unsinn.

Einige dieser chinesischen Zauber bestehen darin, daß man ein Papier verbrennt, auf welchen verschiedene wunderliche Charaktere verzeichnet sind. Nachher wird die Asche weggeblasen und man glaubt die Krankheit dann gleich mit fortblasen zu können.

Andere derartige Mysterien bestehen in heiligen Worten, die an verschiedenen Stellen aufgehangen oder dem Körper eingegraben, oder auch vielleicht nur ausgesprochen werden. So hat man z.B. den Pfirsich-Zauber, wobei ein blühender Zweig des Pfirsichbaumes an die Tür gesteckt wird, um jedes Übel abzuhalten, was der Eintretende bringen könnte.

Der Päkuar-Zauber besteht aus acht mystischen Diagrammen des Fo-hy, die in Stein oder Metall geschnitten sind und um den Nacken getragen werden.

Das Hundert-Familien-Schloß-Amulett ist ein schloßähnlicher Schmuck, den man ebenfalls um den Hals legt, muß aber für Geld von hundert verschiedenen Freunden gekauft sein, was etwa bedeuten soll, daß diese hundert verschiedenen Personen, auf irgendeine geistige Art mit dahin wirken sollen, dem Träger solchen Zaubers ein langes Leben zu sichern.

Der gewöhnlichste Zauber in China ist aber der Pinsel-Zauber; denn Pinsel gebrauchen sie ja auch statt der Feder zum Schreiben. Es lautet also: „Der sehr wundervolle Pinsel! mögen die Schreiber im Himmel himmlische Pinsel herunterschicken, schreibt dann mit denen: ‚Himmel', und der Himmel öffnet sich; schreibt mit ihnen ‚Erde', und die Erde zerreißt; schreibt mit ihnen ‚Mensch', und der Mensch lebt; schreibt: ‚Dämon', und der Dämon stirbt."

Ein gleichfalls sehr gebräuchlicher Zauber ist der sogenannte Storch-Zauber, ebenfalls eine Art Amulett, das um den Hals getragen wird und das größtenteils mit höchst rauhen, ungeschickten Zügen einen Storch vorstellt oder vorstellen soll, in dessen Körper irgendein frommer Spruch geschrieben steht.

In Krankheitsfällen werden auch viele Mittel angewandt, auf geheimnisvolle Art zu erfahren, ob der Kranke leben oder sterben würde; auch erschüttert — selbst wenn das Resultat ein ganz anderes als das gewonnene ist — dieses keineswegs das Vertrauen der Gläubigen; immer versuchen sie es aufs Neue, und zwar stets auf die vorige Art und Weise.
Eine von diesen Arten ist die folgende:
Man stellt nachts Lichter auf den Tisch und daneben Schüsseln mit Speise. Irgendeine alte Frau, die nach ihrer Versicherung dem Grab nahe genug steht, um hineinsehen zu können, nimmt dann eine, zu solchem Zweck gebräuchliche eiserne Trommel mit ledernem Fell, steckt ihre Kleider in die Höhe und fängt nun an, auf die wunderlichste Weise umherzutanzen. Dies geht so lange ohne Unterbrechung fort, bis die alte rasende Hexe ganz schwindelig wird und ihr der Schaum vor den Mund tritt, so daß sie endlich schreiend und an allen Gliedern zitternd zu Boden sinkt. Plötzlich springt sie mit Blitzesschnelle wieder empor, löscht die Lichter aus und ruft nun: „Unser Vorfahre kommt, das Mahl mit uns zu teilen."
Und dann fällt sie mit einem wahren Heißhunger über die Speisen her, die sie mit Hilfe eines sehr guten Magens und wahrscheinlich auch umfangreicher lederner Taschen aufräumt.
Wenn die Lichter wiederkommen, ist sie bereit, jede an sie gerichtete Frage mit der Zukunft Stimme zu beantworten.
Man weiß bei solchen Sachen wirklich nicht, was wunderbarer ist: daß es Wesen gibt, die einen solchen Betrug spielen, oder noch schlimmer, Toren, die ihn für bare Münze halten.

Zweiundzwanzigstes Kapitel

Die Not ist die Mutter der Erfindung, und es unterliegt wohl keinem Zweifel, daß es auch im himmlischen Reich diese Mutter ihren Kindern gelehrt hat, das Land so zu bebauen, daß eine so ungeheure Menschenmenge auch leben und existieren konnte.
Die weisesten und besten Menschen, die China je gehabt hat, wandten denn auch ihre ganze Aufmerksamkeit auf den Ackerbau, wodurch sie zweifelsohne den Grundstein zu Frieden und Sicherheit des Landes legten. Allerdings wurde aber vielleicht auch gerade dadurch die Nation zu friedlich erzogen, so daß sie mit einer fremden Macht den Kampf nicht mehr bestehen, ihre Grenzen also auch nach außen hin nicht mehr schützen konnte.

Der schwache Widerstand, den sie in letzter Zeit gegen die englischen Truppen zu leisten vermochten, ist ein deutlicher Beweis, wie bedeutend sie den Europäern in der Kriegskunst nachstehen.
Wie sehr sie jedoch den Ackerbau achten, beweist eine alte Zeremonie, die sich seit mehr als zweitausend Jahren erhalten hat. Viele Jahrhunderte lang wurde sie auch gefeiert, bis endlich einige entartete Prinzen sie vernachlässigten; der dritte Herrscher der Mandschu-Dynastie, Yong-tsching mit Namen, rief sie aber wieder ins Dasein zurück, und in jedem Jahr, am 24. Tag des zweiten Monats, der mit unserem Februar übereinstimmt, findet diese Feierlichkeit statt.
Der Kaiser selbst nimmt Teil daran, während die General-Gouverneure und ersten Mandarine dasselbe Fest in den andern Provinzen leiten. Seine himmlische Majestät bereitet sich aber durch dreitägiges Fasten und noch viele andere Zeremonien darauf vor und begibt sich dann zu einem bestimmten Platz, ein zu diesem Zweck zurückgehaltenes Feld, das innerhalb der Umzäunung liegt, welche den Tempel der Erde umgibt. Ihn begleiten drei Prinzen, neun Präsidenten des hohen Tribunals und vierzig junge sowie vierzig alte Ackerleute.
Wenn nun ein vorläufiges Opfer von Feldfrüchten der oberen Gottheit Schang-ti gebracht ist, erfaßt die kaiserliche Hand den Pflug und zieht eine Furche von ziemlicher Länge. Die Prinzen und Mandarine folgen dann diesem Beispiel und erst nachher wird das Feld der Sorgfalt des Oberaufsehers übergeben. Das Säen wird auf ähnliche Weise begonnen, und die auserwählten Ackerleute vollenden es dann. Der Ertrag dieses Feldes wird aber nur zu Opfern verwandt.
Eine ähnliche Zeremonie findet in dem Hauptort jeder Provinz statt. Der Gouverneur zieht dort, mit Blumen gekrönt und von vielen Edelleuten begleitet, durch die Straße und diese tragen Fahnen mit Emblemen des Ackerbaus und Bildern von Leuten, die sich einst in diesem Gewerbe ausgezeichnet, während die Straßen mit Triumphbögen und den zierlichsten und phantastischsten Laternen geschmückt sind.
Figuren aus Ton und Porzellan werden ebenfalls durch die Straßen geführt und obgleich man dann und wann neue erfindet, so bildet doch stets eine derselben die Hauptfigur, und zwar ein Büffel oder Zugtier von ungeheurer Größe, aus Ton hergerichtet, den vierzig Männer tragen, während ein Knabe als Genius des Fleißes vorangeht.
Sobald sie vor der Residenz des Gouverneurs ankommen, hält dieser zu Ehren des Ackerbaus eine Rede und schlägt dann den Büffel dreimal mit einer Peitsche. Hierauf fällt das Volk über die Gestalt her und zertrümmert sie mit Steinen. Das Tier wird nach dem Schluß der Feierlichkeit geöffnet, und eine Unzahl kleiner Kühe aus demselben Material wird unter die Leute verteilt.

Jedes kleine Fleckchen Land in China, das möglicherweise bebaut werden kann, befindet sich auch unter Kultur, und die vegetabilische Produktion des Landes wird gewiß, wenn ihr überhaupt nur irgendeins gleichkommt, von keinem Teil der Welt übertroffen. Man glaubt, daß beinahe sechs Millionen englische Acker unter Kultur sind, die größtenteils in kleine Felder abgeteilt, Gräben als Trennungen zwischen sich haben. Der Boden wird dabei oft nur mit der Hand bereitet, Pflüge sind verhältnismäßig selten und manchmal spannen sich sogar Männer oder Frauen statt der Pferde an. Allerdings wird auch Zugvieh benutzt, aber die Schwierigkeit Weide für dasselbe zu finden, vermindert dessen Anzahl.
Nichts kann dabei dem Fleiß der Chinesen, noch ihrer Unermüdlichkeit gleichkommen, mit der sie ihr Land bewässern und düngen. Durch jedes Grundstück, wo es nötig ist, legen sie ihre Bambusröhren, um den Strom nach der Richtung treiben zu können, wohin sie ihn wollen. Jede Art von Dünger wird dem Feld dabei auf das sorgfältigste zugewandt, ja man sagt sogar, das solle so weit gehen, daß manche Barbiere gar nichts für das Bart- und Kopfscheren nehmen, um nur die Haare zu erhalten, die als herrliches Düngungsmittel betrachtet und von den Landleuten aufgekauft werden.
Die Chinesen sollen, wie man behauptet, das Schießpulver erfunden haben, ebenfalls den Seekompaß und die Buchdruckerkunst; leider vervollkommnen sie sich aber nicht in allen diesen Sachen, und der Enkel weiß kaum mehr, als der Vater und der Urgroßvater davon gewußt haben.
Künste und Wissenschaften werden allerdings im himmlischen Reich auch betrieben, aber zu einer Vollkommenheit haben sie es darin noch nicht bringen können. Die chinesische Bildhauerkunst ist im Verhältnis noch sehr weit zurück, ebenso fehlt den Chinesen in Malereien die richtige Einteilung der Schatten und Perspektive. Eine mechanische Steifheit ist in allen ihren Bildern sichtbar.
Ihre Musik ist noch schlimmer als ihre Malerei, denn da sie keine Noten haben, so bringen sie nur schwer ein ordentliches Lied heraus. Ihre Instrumente haben alle einen schnarrenden kreischenden Ton. Die Saiteninstrumente bestehen aus einem mit seidenen Fäden bezogenen Kasten, worauf sie den Bogen schwerfällig hin- und herschleppen. Alle Töne kommen dumpf und gekniffen heraus. Nicht besser sind die Flöten. Die höheren Töne sind ihnen die angenehmsten, daher singen sie meist die Fistel, sie mögen singen was sie wollen.
Auf jeden Fall sind die Chinesen gute Architekten, wenigstens haben sie im Brücken- und Pagodenbau schon Ausgezeichnetes geliefert. Die gotische Architektur ist ihnen allerdings fremd, das mag aber vielleicht auch eine Ursache sein, weshalb sie ihre Fähigkeit nicht darauf verwandt haben.

Was die chinesische Heilkunde betrifft, so glaube ich nicht, daß sie, wenigstens die allgemein betriebene, auf sehr tiefen Kenntnissen der Medizin beruhen kann, denn die Doktoren vertrauen bei der Behandlung ihrer Patienten sehr viel der Astrologie und haben aus allen bisher erschienenen medizinischen Werken ein einziges großes Buch zusammengeschrieben, das sie den „goldenen Spiegel der sehr erprobten Medizin" nennen.
Bei ihren Gemälden fällt mir noch eine Sammlung von Bildern ein, die ich vor kurzer Zeit sah und die, in ihrer Tendenz wenigstens, Ähnlichkeit mit den Hogarth'schen Bildern haben. Es waren ihrer sechs und sie stellten einen jungen Mann vor, der noch unmündig in den Besitz seines ganzen väterlichen Vermögens kommt.
Die beiden ersten zeigen ihn in seinem Reichtum und Glanz, wie er sich allen Vergnügungen hingibt, worunter auch besonders das Opiumrauchen nicht fehlt. Im dritten ist er noch von all seinem Glanze umgeben, aber seine Schätze sind geleert, seine Gesundheit ist zerrüttet. Im vierten sind seine Ländereien und Häuser alle verkauft, sein Lager bilden einige rauhe Bretter und eine zerlumpte Matratze. Dumpf vor sich hinbrütend, sitzt er vorwärts gebeugt, sein Weib und Kind stehen vor ihm und Mangel und Not spricht aus ihren Augen. Das Kleine aber schlägt lachend in die Hände, denn der Vater hat in allem Grimm und Zorn seinen Rauchapparat auf die Erde geschleudert, und es freut sich nun über die umherzerstreuten Sachen.
Auf dem fünften ist seine Armut und seinElend außerordentlich, sein Appetit für Opium wächst aber auch immer mehr, er ist schon so gut wie tot. In seinem Wahnsinn scharrt er nur noch wenige Kupfermünzen zusammen, um sich den Abfall des Opiums zu kaufen, der in der Pfeife eines früheren Rauchers geblieben ist.
Auf dem sechsten ist sein Charakter besiegelt. In eine Ecke gedrückt, verschlingt er die Hefen des Stoffs, die so gering sind, daß er sie selbst mit Tee hinunterwaschen muß, und Weib und Kind sitzen neben ihm mit Seidenfaden, auf Bambusrollen gespannt, den sie auf Knäule abwinden, um wenigstens das elende Dasein zu fristen.
Es ist das Bild eines Spielers in unserem Vaterlande, denn obgleich der Trunk auch schon manche Familie elend gemacht hat, so üben spirituöse Getränke doch ihre fürchterlichen Wirkungen nicht so schnell aus, wie es das Opium tut.

Dreiundzwanzigstes Kapitel

Eine solche Menschenmasse, wie sie das chinesische Reich umschließt, kann, wie jeder vernünftige Mensch einsehen wird, auch nicht ohne eine heilsame Furcht vor ungesetzlichen Ausbrüchen im Zaum gehalten werden; ja, und strenge Strafe ist oft sogar nötig, um ihnen zu beweisen, wie gut es ihr himmlischer Herrscher mit ihnen meint, wenn es die bösen Menschen nur immer glauben wollten.

Die Strafen in China sind denn auch nicht leicht, dennoch aber oft in ihren Schilderungen übertrieben und karikiert worden. Allerdings findet man manchmal entsetzliche Martergeschichten auf Reispapier geschmiert, die irrtümlich für chinesische Strafen gehalten wurden; größtenteils stellen die aber nur Szenen aus Buddhisten-Höllen vor, denn solche Roheiten sind wenigstens noch nie zur Kenntnis der Europäer gelangt.

In ungewöhnlichen Fällen werden allerdings schwere Strafen zuerteilt; auch sind die Chinesen in mancher Hinsicht grausam und gefühllos; was aber an solchen Schreckensszenen stattgefunden hat, geschah zu den Zeiten früherer Tyrannen, ehe ein wirkliches Gesetzbuch existierte, und wenn wir so weit zurückgehen wollen, so finden wir vielleicht noch viel schrecklichere Grausamkeiten in Europa verübt.

Das gewöhnlichste Strafverfahren geschieht mit dem Bambus. Dann folgt der Langue, der Käfig oder das Gefängnis, und als die stärksten werden Tod und Verbannung betrachtet.

Der Bambus wird jedoch für alle und sämtliche geringeren Vergehen angewandt und hat auch noch den Vorteil, daß sich die Schläge ziemlich genau, nicht allein in ihrer Anzahl, sondern auch in ihrer Stärke nach dem Grad des Vergehens richten können. Sobald das Urteil über einen Verbrecher von dem Richter gefällt ist, wirft er eine gewisse Anzahl kleiner Bambusstreifen, die in einem Zylinder vor ihm stehen, auf den Boden nieder und für jeden derselben werden eigentlich fünf, in der Tat aber gewöhnlich nur vier Streiche gegeben. Der eine, der bei jedem abfällt, geht auf Rechnung des Kaisers und wird seiner Gnade zugeschrieben. Überhaupt ist es nach dem chinesischen Grundsatz: streng im Urteil, aber mild in der Strafe zu sein.

Die Exekutoren der Strafe machen sich augenblicklich an die Arbeit, und zeigt sich der Verurteilte willig, so findet dabei keine weitere Unannehmlichkeit statt. Widersetzt er sich jedoch, so nimmt der Bambusmann seinen Zopf, wickelt ihn sich um die linke Hand, zieht ihn freundlich zu sich und legt nun auf.

Eine solche Tracht Schläge ist übrigens für den, der sie auszuhalten hat, gar keine Kleinigkeit, denn das Instrument, das sie gibt, ist gewichtig und die Hand, die es führt, gewöhnlich willig. Außerdem hat der arme Teufel

auch noch das Demütigende vor sich, daß er sich nachher für gnädige Strafe bedanken muß — ich glaube, einige unsrer Schulen haben das den Chinesen abgesehen —, er muß die Hand noch küssen, die ihn gestraft hat.

Hohe wie Niedere verfallen dem Bambus, d.h. die Reichen kaufen die Strafe gewöhnlich ab, des Armen Geldbeutel ist aber in diesem Fall sein Rücken.

Der Langue ist etwas Ähnliches, was wir bei uns unter Fußblöcken verstehen, nur mit dem Unterschied, daß die Füße hier frei bleiben und nur der Kopf und eine Hand, manchmal auch beide Hände, eingeschlossen werden. Manch stolzer Mandarin hat sich hier dem Spott des Pöbels ausgesetzt gesehen, und so viel demütigender ist diese Strafe, da der Schuldige gewöhnlich in der Nähe seiner Wohnung hingesetzt wird und nicht einmal imstande ist den Kopf zu beugen oder sein schamgerötetes Antlitz den neugierigen Blicken zu entziehen.

Das Gewicht eines solchen tragbaren Blocks steht im Verhältnis zu dem Vergehen des Delinquenten und wechselt von zwanzig oder dreißig Pfund bis zu zwei- und dreihundert. Dabei hat ein solcher Unglücklicher das Vergnügen, daß er nicht allein in einer höchst unbequemen Stellung mit einer noch viel unbequemeren Halsbinde sitzt, sondern sogar noch einen Teil seiner Biographie links und rechts von seinem Kopf angeklebt weiß. Wer sich mit seinem Leben bekannt machen will, braucht dann nur dicht an ihn hinanzutreten, wo er die ganze Geschichte auf sehr schönem Reispapier lesen kann.

Eine andere Unanehmlichkeit dabei ist die, daß er nicht imstande ist, die Hand zum Munde zu führen, weshalb sie förmlich gefüttert werden müssen. Dieser Langue oder Kea wird auch in sehr verschiedenen Zeiträumen getragen, oft nur auf Stunden und Tage, oft auch auf Wochen und Monate. Über den Käfig habe ich schon früher gesprochen.

Verbannung wird ebenfalls als eine ungemein starke Strafe betrachtet, denn das Herz des Chinesen hängt an seiner Heimat, besonders ist dem südlich Wohnenden der Aufenthalt in den kalten Tatarenländern fürchterlich. Auch die Verbannung hat übrigens ihre Grade, die sich nicht allein nach der Zeit der Verbannung, sondern sogar nach der Anzahl von Meilen bestimmen, die der Verbannte von Haus und Hof zubringen muß. Sie rechnen dabei nach Lees, was etwas weniger als eine deutsche Meile sein wird.

Die drei Hauptstrafen sind: Strangulierung, Enthauptung und für die größten Verbrechen, wie Hochverrat, Vatermord und Sakrilegium jene Art von Exekution, die Ting-chy genannt wird, ein schmachvoller und langsamer Tod, was die Europäer etwas unpassend „in zehntausend Stücke schneiden" genannt haben.

Frauen sind in gewöhnlichen Fällen glücklicherweise davon ausgeschlossen, in Gefängnisse gesteckt zu werden, was sonst nicht selten ihre noch größere Verderbnis zur Folge hat. Ihre Verwandten müssen aber dann die Aufsicht über sie übernehmen und für sie einstehen.

Auch eine Art Tortur finden noch statt, und zwar durch Zusammenpressen der Knöchel oder Finger zwischen drei zusammenbefestigte Hölzer. Schwüre werden nie verlangt, ja nicht einmal gestattet; außerordentlich strenge Strafen aber auf ein falsches Zeugnis gesetzt.

Die Zahl der zum Tode Verurteilten ist allerdings sehr groß und man behauptet, daß der Kaiser Kea-king allein in einem Jahr 935 Todesurteile unterschrieben habe, während in Kanton über tausend stattfanden.

Bei der Exekution der Verbrecher stehen keine Priester, die diese zur Reue ermahnen; in finsterem Schweigen muß er gegen die Wohnung des Kaisers knien und empfängt dann den Todesstreich, der sein Haupt mit einem Schlage vom Rumpf trennt. Manchmal tritt aber auch ein solcher noch keck und trotzig auf; jede Hoffnung auf das Leben ist entschwunden und er droht nun denen, die ihn verurteilt haben, mit seiner Rache nach dem Tode, d.h. nach seiner Verwandlung in ein andres Wesen.

In solchen Fällen, wo Kinder ihre Eltern mißhandeln, ist das Gesetz außerordentlich streng. Ein Beispiel dieser Art fand unter dem verstorbenen Kaiser statt, wo eine Tochter ihre Mutter geschlagen hatte und der Kaiser nun, nach dem Bericht des General-Gouverneurs erklärte, er halte in diesem Falle die bestehenden Gesetze nicht für hinreichend und ein warnendes Exempel für nötig.

Hierauf wurde nicht allein die Schuldige mit dem Tod, sondern auch fast gleich stark, Lehrer und Verwandte bestraft, da sie nicht ihr Möglichstes dazu beigetragen hatten, die Verbrecherin besser zu erziehen; ja sogar die armen Nachbarn kamen schlecht dabei weg; sie erhielten ebenfalls Bambusstreiche, weil sie nicht zu rechter Zeit ermahnt hatten. Das Haus aber, in welchem so Fürchterliches vorgefallen, wurde von Grund ausgegraben und zerstört.

Ein Vater hat dagegen solche Gewalt über seine Kinder in China, daß er sie als Sklaven verkaufen kann; ja, wenn er sie selbst tötet, so ist doch die Strafe, die er dafür zu leiden hat, sehr gering. Den Tod dagegen hat jedoch schon das Kind zu erdulden, das seine Eltern nur schmäht oder schimpft.

Die schon früher erwähnte Todesart, das „in zehntausend Stücke schneiden", wird, wie schon gesagt, nur für die fürchterlichsten Verbrechen, zu denen der Kaiser von China vorzüglich Rebellion rechnet, angewandt. Man darf die Ausübung dieser Strafe aber nicht wörtlich nehmen. Wie ich gehört habe, bindet man den Unglücklichen fest an einen Pfahl, zieht ihm dann die Stirnhaut über die Augen und zerhaut seinen Körper mit Säbeln, wonach er der Brutalität der Menge übergeben wird.

Was die Krankheiten der Chinesen anbetrifft, so unterscheiden sich diese wenig von denen andrer Völker; nur einige haben sie, die bei uns seltener vorkommen, wie z.B. die Elephantiasis, eine der Südsee mehr angehörige Krankheit. Die chinesischen Ärzte wären aber auch wirklich nicht auf außerordentliche Fälle vorbereitet, denn gänzlich unkundig der Anatomie, sind sie nicht imstande, den Lauf der Krankheiten zu beurteilen; schon die ganze Art, wie sie die Krankheiten klassifizieren, beweist das; sie teilen sie nämlich in innere und äußere, d.h. wie sie es verstehen, in solche, die im Innern des Körpers ihren Ursprung haben und in andere, die nur von äußeren Einflüssen, wie z.B. Erkältung, herrühren. Ihre Merkmale sind dabei charakteristisch, und das Auge spielt eine sehr bedeutende Rolle. Ist es rot, so kommt die Krankheit aus dem Herzen, ist es weiß, aus der Lunge, wenn grün, aus der Galle, wenn gelb, aus der Einbildung, wenn schwarz, aus den Nieren und wenn von einer gelblichen, nicht zu beschreibenden Färbung, mitten aus dem Leib.

Wie überhaupt die Farbe bei den Chinesen eine große Rolle spielt, so beurteilen sie sogar ihre Medizinen danach. Alle Medikamente also, die grün aussehen, werden der Pflanzenwelt zugeschrieben und wirken auf die Leber; die roten gehören dem Feuer und wirken auf das Herz; die gelben gehören der Erde und wirken auf den Magen; die weißen als Metall auf die Lunge und die schwarzen Arzneien, dem Wasser zugehörig, üben ihren Einfluß auf die Nieren aus.
Eigentümliche Heilmethoden haben sie dabei ebenfalls. So wird z.B. das Blut eines Aals dem Kranken in die Augen geträufelt, wenn diese durch die Blattern geschlossen sind; in manchen Fällen stechen sie auch Nadeln in die Haut und lassen sie dort eitern, und Pechpflaster, auch ein Matrosenmittel, wird für Rheumatismus angewandt.
Das durch die Engländer bei Kanton errichtete Hospital möchte jedoch seinen segensreichen Einfluß auf die Chinesen ausüben, denn schon jetzt drängt sich dort das Volk in Scharen herzu, und die Bewohner des himmlischen Reichs sind viel zu klug, um nicht solche Sachen den Fremden abzulernen, die für sie selbst von höchster Wichtigkeit sein müssen. Möglich wäre es also, daß gerade durch die Arzneikunde den Europäern noch am ehesten Eintritt in das himmlische Reich gestattet würde.

Vierundzwanzigstes Kapitel

Wohl natürlich ist es, daß ein uns so ferngelegenes Volk, das überhaupt in seinem ganzen Wesen bis jetzt so abgeschlossen gelebt hat, manches und vielerlei für den Europäer haben muß, was ihm auffallend und außerordentlich erscheint. Noch verstärkt wurden in früheren Zeiten die abenteuerlichen Gerüchte, die sich über das Land verbreiteten, durch das Geheimnisvolle, was über ihm schwebte, und es läßt sich auch leicht erklären, daß sich das Volk einen wunderlichen Begriff von Leuten machen mußte, die es nur aus Abbildungen an Teekisten kannte.
Nun haben sie allerdings viel Eigentümliches und für uns Sonderbares, denn für sie kann man das nicht sonderbar nennen, was bei ihnen ganz in der Ordnung erscheint. So arg aber wie die Sache gemacht wurde, ist sie kaum, und wenn sie sich auch anders kleiden und zu einer andern Rasse gehören, wenn sie sich gegen ihre Oberen ein paar Zoll tiefer bücken und überhaupt die meisten Sachen auf eine Art und Weise tun, wie wir es bei uns nicht getan finden, so ist das eben nur ein Beweis, daß es anders ist als bei uns, nicht etwa, daß es wunderlich ist, denn sonst könnten wir uns auch ebensogut darauf verlassen, daß die Chinesen alles wunderlich finden würden, was wir tun, und doch gibt es gewiß Tausende von Europä-

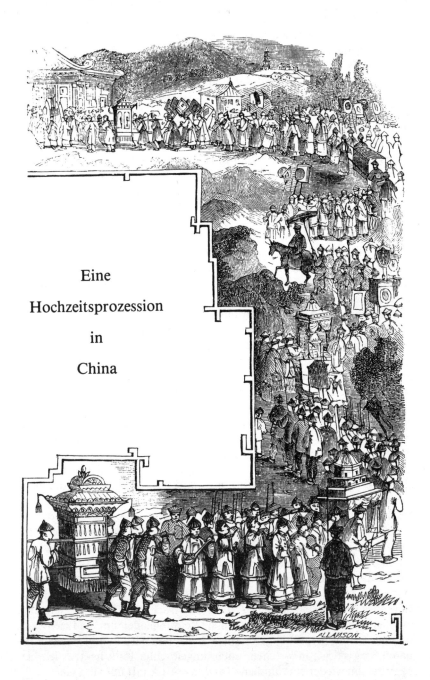

Eine Hochzeitsprozession in China

ern, die stolz in dem Glauben sind, nie in ihrem ganzen Leben etwas Wunderliches getan zu haben.

Als in die Skizzen gehörig, will ich hier etwas von dem Leben und Treiben der Chinesen schildern, und der junge Leser mag sich selbst seine Meinung danach bilden.

In China wird die Brautwerbung mehr wie ein Handel betrachtet, wie denn überhaupt dort die Frau in weit geringerer Achtung steht als bei uns. Selten wird aber eine Heirat vollzogen, ohne vorher zur Astrologie und Wahrsagekunst Zuflucht genommen zu haben, durch welche auch, sobald sich alles glücklich vereint, der Hochzeitstag bestimmt wird. Der junge Mann trägt nun einen scharlachroten Busch, als Zeichen der Freude seines Herzens, und die junge Dame wechselt etwas die Art ihrer Kleidung und flechtet die Zöpfe anders.

Unter den Hochzeitsgeschenken, welche die Freunde bringen, spielen wilde und zahme Gänse eine bedeutende Rolle, denn sie sollen Treue und häusliche Tugend bedeuten; ja das Bild einer Gans wird sogar oft in einer Hochzeitsprozession voraus-, die Braut dagegen mit Musik und bunten Laternen auf einem Sessel zurückgetragen. Die Prozession dabei richtet sich ganz nach dem Rang der Brautleute. Wunderlich sieht es übrigens dabei aus, wie mit dem Zuge die Hochzeitsgeschenke getragen werden und nicht allein die leblosen, sondern auch die lebendigen, so daß hinter Musik und Braut her, hinter den zierlich geschmückten Sänften der Gäste und den Baldachinen, irgendein fettes Schwein, zwar im Käfig, ganz ehrbar die Prozession mitmacht und nur manchmal, quietschend und grunzend, bald auf diese, bald auf jene Weise hinausstarrt.

Nichts kann die Ehrfurcht übertreffen, welche die Chinesen für den Verstorbenen hegen, besonders für die Leichen ihrer Eltern. Keine Mühe spart aber selbst der Ärmste, sich während seiner Lebenszeit ein kostbares und dauerhaftes Holz zu seinem Sarge zu verschaffen. Zeder oder irgendein anderes wohlriechendes Holz wird dabei vorgezogen, und die letzte Ruhestätte des Toten, besonders bei den Reichen, auf das kostbarste ausgeschmückt.

Kaum stirbt der Vater irgendeiner achtbaren Familie, so versammeln sich seine Kinder und Enkel, denn die Todesnachricht wird augenblicklich durch einen Boten ausgetragen und ein Täfelchen an die Türpfosten gehängt, das Name, Alter und die bekleideten Ehrenstellen des Verstorbenen trägt.

In grobes weißes Zeug gekleidet, die Trauertracht der Chinesen, mit einer gleichen Binde um den Kopf, sitzen die Leidtragenden um die Leiche her, und der vorher sorgfältig gewaschene Leichnam wird nun in seinen kostbaren Sarg gelegt, in welchem unten ungelöschter Kalk liegt. Auch hier begleitet ihn wieder eine ähnliche Tafel, die Auskunft über ihn gibt.

Eine Zeremonie geht diesem noch voraus, die dem ältesten Sohn in der Erbschaft einen gewissen Vorteil erlaubt. Das Wasser nämlich, womit die Leiche gewaschen wird, muß gekauft sein, und dies zwar von des ältesten Sohnes Sohn, im Vorzug zu dem zweiten Sohn. Geschieht das, so kann der Älteste einen doppelten Teil der Erbschaft beanspruchen, geschieht das nicht, so wird gleich geteilt. Das Wasser kauft der Träger dadurch, daß er zwei Kupfermünzen in den Teich oder Brunnen wirft, aus dem er es genommen.

Der Sarg wird nun luftdicht verschlossen und alle Spalten mit einer Art Zement verklebt; aber erst nach einundzwanzig Tagen, am dreimal siebenten Tag, findet die Beisetzung statt, wobei man die Leiche mit einer wirklich traurigen Musik begleitet. Das Instrument dabei ist eine Art Sackpfeife, wozu eine Trommel in abgemessenen Pausen drei dumpfe Schläge gibt. Die Kinder und Verwandten beider Geschlechter folgen in ihren weiten Gewändern, ohne jedoch dabei eine bestimmte Ordnung zu beobachten.

Die Form des Grabes, ob groß oder klein, ist stets die eines griechischen Omega, und vor ihm werden, gleichsam zum Gebrauch der Verstorbenen in jener alten Welt, Kleider verbrannt; in sehr lobenswerter Sparsamkeit aber zerstört man nicht wirkliche Kleider auf diese Art, sondern schneidet solche, so wie auch Geldstücke aus Papier aus.

Nach dem Begräbnis, das mit sehr vielen Zeremonien stattfindet, kehrt dann die Familie mit der Namenstafel des Verstorbenen in Prozession wieder zurück.

Die Chinesen trauern drei Jahre um Vater oder Mutter und während dieser Zeit schließen sie sich öfters ab und beten und legen sich Büßungen auf.

Die Chinesen sind Freunde von Festlichkeiten, obgleich sie wirkliche Feste nur wenige haben; die wenigen werden dann aber auch natürlich mit aller nur möglichen Pracht begangen. Vor allen andern zeichnet sich besonders das Fest der Laternen aus, das am fünfzehnten Tag des ersten Monats in allem Glanz stattfindet. Dies ist nicht etwa ein Schauspiel, das sich auf irgendeine bestimmte Stadt oder Gegend beschränkt; nein, zu gleicher Zeit, in einem Moment fast, durch jede Provinz und Stadt, durch jedes Dorf, in jedes einzelne Haus dringt es, und mit dem Feuerstrahl gießt sich auch Freude und Lust in alle Herzen.

Hier, in diesen Laternen, zeigt sich aber auch ganz der originelle, Wunder liebende und groteske Charakter der Chinesen. Alle möglichen Materialien werden hervorgesucht, Laternen zu verfertigen, und alle möglichen Gestalten, die sich nur im entferntesten Sinn zu einer Laterne verwenden lassen, müssen den Erfindungsgeist ihres Eigentümers bewähren. Manche sind ganz klein und zierlich von Glas, Horn, ja von Perlmutter, andere dagegen von Papier, Baumwolle oder Seide, und zwar oft in so ungeheu-

Das Laternenfest in China

rer Größe, daß nicht selten mehrere Menschen dazu gehören, sie im Gleichgewicht zu halten. Gar häufig bringen sie auch in diesen ballonartigen Laternen bewegliche Figuren an; galoppierende Reiter, fliegende Vögel und dergleichen, was sie durch aus Papier geschnittene Gestalten und den Luftdruck des zu ihnen aufsteigenden heißen Dampfes möglich machen. Sehr phantastisch und hübsch sehen die chinesischen Laternen dabei aus, zum wirklichen Gebrauch passen sie aber weniger, da sie zu sehr mit Schmuck überladen sind und dann auch aus undurchsichtigen Stoffen bestehen.

Im ersten Monat wird ebenfalls ein Fest gefeiert, das einen eigentümlichen Charakter hat. Gruppen von Leuten sammeln sich an einem bestimmten Abend bei Sonnenuntergang oder Mondaufgang auf den freien Plätzen oder öffentlichen Terrassen, oder in ihren eigenen Gärten und Grundstücken und suchen etwas, was sie wohl kaum so bald finden möchten. Es wird nämlich für ganz fest und allgemein angenommen, daß sich an diesem Abend nichts weniger als ein Hase im Mond zeigt. Vorher, wahrscheinlich, um sich ihr nutzloses Warten ein wenig zu versüßen, werden sogenannte Mondkuchen herumgeschickt, auf welchen die Umrisse eines Hasen mit Mandeln oder Nußkernen, oder auch mit Zucker angegeben sind, und diesen Kuchen ißt man, während man sich der schönen Nacht erfreut, den Hasen sucht und beim Schall der Musik, die überall ihre wunderlichen Weisen spielt, spazieren geht.

Das Hauptfest der Chinesen ist jedoch das Neujahr. Am Silvesterabend sitzen sie zusammen, durch Gebete sich auf das nächste Jahr vorzubereiten. Kaum verkünden aber die Töne des Gongs Mitternacht, als auch ein wahres Pelotonfeuer von Schwärmern den raschen Übergang von Ernst zur Freude verkündet. Früh am Morgen des ersten Tages strömen die Andächtigen in ihren besten Anzügen zu den verschiedenen Tempeln, auch sucht man Bekannte und Freunde auf, und überall werden Begrüßungs- und Freundschaftsversicherungen gewechselt.

Charakteristisch sind die Gratulationskarten, die, unseren Neujahrswünschen gleich, an diesem Tag umhergeschickt werden, denn sie tragen einen Holzschnitt, der die drei Sachen darstellt, welche das größte Glück eines Chinesen ausmachen: einen männlichen Erben, eine Anstellung oder Avancement in einer Anstellung, und langes Leben. Diese sind dargestellt durch die Figur eines Kindes, eines Mandarins und eines Greises, neben dem ein Storch steht, da der Storch das Symbol des Alters ist.

In den ersten drei Tagen würde es dabei nicht allein Unglück bedeuten, sondern sogar sündhaft und verbrecherisch sein, irgendeine Arbeit vorzunehmen, die nicht zu den nächsten Bedürfnissen des Lebens gehört.

Besuche und Geschenke werden ebenfalls gewechselt, und in jedem Haus wird der Besuchende mit Tee und Betel empfangen, wie er in Indien und

auf den östlichen Inseln benutzt wird. Da ihr aber auch vielleicht nicht wißt, was es mit dem Betel für eine Bewandtnis hat, so möchte ich darüber lieber erst ein paar Worte sagen.
Der Betel ist ein Gewächs Ostindiens mit langen und scharf zugespitzten Blättern, diese dienen wegen ihres bittern Geschmacks und ihres roten Saftes zur Bereitung einer Mischung, die aus Tabaksblättern, gelöschtem Kalk, Arekanuß und einigen Gewürzen besteht und Betel genannt wird, welchen Männer und Weiber von allen Ständen in einer Büchse bei sich führen und häufig kauen.
Ehemals glaubte man, durch das Kauen werden die Speicheldrüsen und Verdauungswerkzeuge gestärkt und durch die dadurch verminderte Hautausdünstung der Schwächung vorgebeugt, welche in heißen Ländern aus der zu häufigen Ausleerung des Schweißes zu entstehen pflegt; doch ist das nicht der Fall und das Betelkauen gehört nur zu jenen unnatürlichen Genüssen, die durch Gewöhnung an absoluter Schädlichkeit verlieren. Das Kauen des Betel färbt den Speichel rot und hat einen nachteiligen Einfluß auf die Zähne, so daß oft Menschen von 25 Jahren ganz zahnlos sind.
Viele Schiffsladungen davon werden aus Malaga, Batavia und Kaschmir-China dahin geführt, und die Nuß in ungeheurer Menge von den kleinen Krämern auf den Straßen feilgeboten. Nicht allein die Nuß, sondern den ganzen Bolus, Betel, Kalk und alles mit einem Faden oder Strohhalm umwunden, bieten Fruchthändler überall auf den Straßen feil, fertig, um es sogleich in den Mund zu stecken, so daß jeder Vorübergehende, vorzüglich Leute, die von der Arbeit kommen oder dahin gehen, nur zwei Tungthien, deren sechs bis siebenhundert auf einen Piaster gehen, auf den flachen Korb des Verkäufers hinzulegen braucht und dafür einen Bolus mit Betel-Arek oder ein Stück Wassermelone oder andre Frucht der Jahreszeit nehmen kann.
Wirkliche Feste haben die Chinesen sonst nicht viel. Am fünften Tag des fünften Monats sind bei Kanton die berühmten Bootswettfahrten, und am ersten Tag des siebenten Monats feiern sie eine Art Totenfest.

Fünfundzwanzigstes Kapitel

Der erste Naturalist, der das himmlische Reich besucht zu haben scheint, war Peter Osbeck, der 1750 als Kaplan eines schwedischen Ostindienfahrers nach Kanton ging und dort so viel Forschungen anstellte, als ihm der geringe Raum zu machen gestattete, den er betreten durfte. Er hatte dabei zugleich den großen Vorteil, ein Zögling des großen Linné zu sein, und Umstände kamen noch dazu, die ihm gestatteten, mehr von der Umgegend anzusehen als seine Vorgänger.
Späteren Gesandtschaften wurden ebenfalls Naturalisten mitgegeben, und man ist in neuerer Zeit mit der Pflanzenwelt Chinas ziemlich vertraut geworden. Sämtliche Pflanzen Chinas tragen übrigens mehr den Anstrich einer gemäßigten als tropischen Zone.
Doktor Clarke Abel, ein sehr wissenschaftlich gebildeter Mann, ging mit der Gesandtschaft des Lord Amherst als Arzt und Naturalist nach China. Eine sehr wertvolle Sammlung aber, sowohl botanischer als zoologischer Exemplare, ging mit dem Schiff Alceste, welches scheiterte, unter; auch dreihundert Päckchen Samen von manchen in Europa gänzlich unbekannten Arten sanken zum Meeresgrund.
Zu den wichtigsten Bäumen Chinas gehört der Kampferbaum, der manchmal zwanzig Fuß im Umfang hat; dann der Mo-wang oder König der Wälder, dessen Holz dem Rosenholz gleicht. Der Nanmo, eine Zeder, die nur für kaiserliche Wohnungen und Tempel gebraucht wird; der Croton, von dem man eine Art Talg gewinnt; der Thie-shoo, ein Busch, dem eine Art seiner Firnis entfließt. Dann der Maulbeerbaum, so wichtig für die chinesische Seidenzucht, und der Bambus; vor allen andern aber die Teepflanze, das erste Produkt eigentlich, das uns von China zugekommen ist. Ich werde mich über sie deshalb auch am weitläufigsten aussprechen.
Es sind jetzt fast zwei Jahrhunderte, seit der Tee erstmals in England, und zwar durch die holländisch-ostindische Kompanie eingeführt wurde. In damaliger Zeit gehörte dies Gewürz noch zu den Kostbarkeiten und nur wenige Pfund waren es, welche die ersten Schiffe mitführten. Jetzt ziehen jährlich ganze Flotten nach China und kehren mit Tee beladen zurück.
Die Teepflanze aus China oder Japan, wahrscheinlich aus beiden, wird von den Eingeborenen beider Länder schon seit undenklichen Zeiten benutzt. Nur in einem besondern Teil des chinesischen Kaiserreichs wird die Pflanze kultiviert, und dieser liegt am östlichen Ufer zwischen dem 30. und 40. Grad, und heißt auch vorzugsweise der Teedistrikt.
Einzelne Plantagen befinden sich auch bei Kanton.
Große Sorgfalt wird dabei auf die Anpflanzung verwendet, noch größere aber auf das Einsammeln der Blätter; sowohl die Jahreszeit, in der diese gepflückt, wie die Art, auf welche sie getrocknet werden, bestimmen gro-

ßenteils die verschiedenen Sorten Tee. Es gibt zweierlei Arten: schwarzen und grünen, d.h. der grüne ist nicht etwa ein anderer Tee wie der schwarze, sondern das Trocknen der Blätter selbst macht den Unterschied, und das Sammeln in den verschiedenen Jahreszeiten bestimmt den Wert. Die ersten zarten Schößlinge geben natürlich auch den besten Tee und dies ist der sogenannte Peccoe; dann kommt der Suchong, und die letzte, also die schlechteste Ernte ist der Bohea. Bohea ist Tacca und bedeutet großer Tee, Souchong bedeutet Seaouchung, kleine oder seltene Art, Peccoe bedeutet Pak-hoo, weiß und fein.

Außerdem, daß nun der jüngere Tee besser ist als der ältere, wird auch selbst aus dem jüngeren der Beste, der sogenannte Haysan, ausgesucht, von dem man jedes Blatt einzeln mit Sorgfalt rollt; selbst aus diesem Haysan sucht man nachher noch die bestgerollten Blätter, die jedoch an Güte natürlich dem übrigen nicht nachstehen, und dies ist der Perl oder Gunpowdertee.

Beim schwarzen und grünen Tee wird Feuer angewandt, ihn zu trocknen. Der schwarze wird aber nicht mit der Hand gerollt, sondern kräuselt sich

bloß durch die Hitze, und das sind nur Märchen, daß man den grünen Tee auf Kupfer und Messing trockne und daß ihm der Grünspan seine Färbung gebe. Zu beiden werden Eisenpfannen benutzt.

Beim Verpacken des Tees wird der grüne sorgfältiger behandelt als der schwarze, da man ihn bloß in die Kisten schüttelt, um seine Blätter nicht zu zerdrücken; der schwarze dagegen wird eingetreten.

Welche Unmasse von Tee in China angebaut werden muß, könnt ihr daraus entnehmen, daß allein nach England jährlich 48 Millionen Pfund verschickt werden. Die Chinesen trinken ihn ohne Rahm und Zucker.

Eine andere Pflanze, die in China von größter Wichtigkeit ist, weil sie einen gar nicht unbedeutenden Teil des Volkes ganz ernährt, ist der Reis, der entweder auf das Wasser oder auf den Schlamm gesät und nachher umgepflanzt wird. Reis verlangt aber nicht allein einen fruchtbaren, sondern einen feuchten, fast nassen Boden, obgleich man auch eine Art hat, die auf trockenem Grunde recht gut gedeiht. Wenn der Reis, der sonst Ähnlichkeit mit unserem Getreide hat, reif ist, wird er größtenteils ausgeschüttelt und das, was sich nicht ausschütteln läßt später gedroschen.

Auch gelbe Baumwolle wird in großer Masse gezogen und aus ihr das berühmte Nankingzeug bereitet.

Die Seide ist ein anderes Produkt, das in großer Quantität aus China exportiert wird, und um den Seidenwurm mit hinlänglicher Nahrung zu versehen, verwendet man große Sorgfalt auf die Zucht der Maulbeerbäume. Der Hauptzweck bei diesen ist, soviel als möglich gesunde Blätter und wenig Früchte zu erhalten, die den Blättern den süßen Saft entziehen würden. Der Boden für diese Maulbeeranpflanzungen muß sehr gut gedüngt und die Pflanze überhaupt sehr achtsam gepflegt werden.

Auch das Ziehen der Seidenwürmer erfordert Leute, welche die Lebensart dieser zarten Tierchen auf das genaueste kennen, denn die Würmer müssen reinlich, ruhig und von starken Gerüchen entfernt gehalten werden. Ihre Nahrung bekommen sie auf Flechtwerk hingestreut.

Sechsundzwanzigstes Kapitel

Ein Land, das so dicht bevölkert ist wie China, kann wenig wilde Tiere haben. So findet sich denn auch höchst selten hier, und zwar in den südwestlich gelegenen Ländern von Yun-man, den bengalischen Tiger, obgleich dieser wilde Bursche im ganzen Land sehr gut bekannt ist und in vielen Erzählungen eine bedeutende Rolle spielt, ein Zeichen wenigstens, daß er früher weiter verbreitet war. Um Kanton herum, und auch in den von da nördlicher gelegenen Provinzen, weiß man nichts von ihm.

Der Löwe dagegen ist bei den Chinesen fast ein fabelhaftes Tier; Bären jedoch finden sich in den noch bewaldeten Teilen sehr häufig, besonders nördlich von der großen Mauer. Die südlichen Teile Chinas sind übrigens der Aufenthaltsort eines kleinen Raubtiers, einer Art wilden Katze, die jedoch von den Chinesen sehr geachtet wird, denn sie halten sie für eine der größten Delikatessen und mästen sie noch besonders vorher in Käfigen.
Rhinozerosse sind auch hie und da, aber auch nur sehr selten; wilde Schweine schon mehr, Wölfe, Füchse, Hirsche, Ziegen und Affen dagegen in großer Anzahl. In der Provinz Fo-kieng sind die Einwohner auch in einer nicht unbedeutenden Angst wegen einer Affenart. Sie behaupten nämlich, daß dort ein Geschöpf existiere, das einem Menschen gleiche, aber wie die Affen am ganzen Körper behaart sei, sehr lange Arme habe und einzig und allein von Menschenfleisch lebe. Um sich nun seiner Beute zu versichern, soll es sich in den Hinterhalt legen und ein lautes Gelächter ausstoßen, den Näherkommenden aber plötzlich überfallen und erwürgen. Allerdings mögen genug häßliche alte Orang-Utangs dort herumkriechen; so wunderliche Sachen China aber auch hervorbringt, menschenfressende Affen sind nicht darunter.
Eine der merkwürdigsten Affenarten ist der Done oder cochinchinesische Affe; er hat ein orangefarbenes Gesicht mit gelben Haarbüscheln an beiden Seiten, schwarze Hände und Schenkel, hellrote Beine und einen weißen Schwanz.
Luchse, Leoparden und Stachelschweine finden sich ebenfalls in China, gleichwie gelbe Ratten, Feldratten, Ratzen, Eichhörnchen, Hasen und Kaninchen; doch eines noch bleibt mir zu erwähnen und zwar das größte von allen: der Elefant, der eine keineswegs unwichtige Rolle in China spielt.
In Indien verwendet man ihn, wie ihr wahrscheinlich schon wissen werdet, zum Lasten tragen, ja in neuerer Zeit sogar zum Ziehen; das ist aber in China nicht, wenigstens nicht allgemein, der Fall. Gewöhnlich benutzt man Elefanten hier nur dazu, die Pracht kaiserlicher Größe zu erhöhen und zu vermehren. Schon zu Marco Polos Zeiten (der erste Reisende, der über die indischen Küsten genauere Auskunft gegeben hat), wo von dem großen Khan das weiße Fest gefeiert wurde, verwendete man Elefanten zu einer ungeheuern Prozession. Marco Polo, der von dem Khan spricht, sagt:
„An diesem Tag war es, wo alle seine Elefanten, die sich auf fünftausend beliefen, in einer Prozession gezeigt wurden. Weite Teppiche hingen über ihre Rücken, und das kostbare Tuch derselben war mit goldenen und silbernen Figuren von Vögeln und Tieren bestickt."
Fünftausend Elefanten auf einem Fleck, das klingt fast, als ob der Kaiser von China ganz Ceylon geplündert und zu diesem Plündern lauter Sim-

sons gehabt hätte, der ja doch auch in alten Zeiten fünfhundert Füchse fing; doch wie dem auch sei, ob es nun fünftausend oder fünfhundert waren, auf jeden Fall beweist es, daß schon in damaligen Zeiten die Kaiser von China dies prachtvolle Tier zu ihren Umzügen benutzten.

Nach dem Elefanten möchte ich erst das Kamel erwähnen, denn es gehört zu den Tieren, die den Chinesen einen nicht unbedeutenden Nutzen gewähren. Die baktrische Rasse, das zweihöckrige Kamel, wird übrigens fast allein verwandt, das einhöckrige Dromedar soll nur sehr selten sein. Von dem arabischen unterscheidet es sich dadurch, daß es kürzere Beine hat als dieses; auch sein Hals ist etwas dicker und kürzer. Zu schnellen Reisen eignen sich diese Tiere besonders, und die Chinesen haben der schnellsten Rasse derselben den Namen Tong-ky-fo oder Kamel mit Windfüßen gegeben.
Die chinesischen Pferde stehen aber den arabischen gewaltig nach; sie sind nicht so stark und groß und sehen auch ärmlicher und unansehnlicher aus.

Es soll auch eine weißgefleckte Art von Ponys dort geben, die oft auf chinesischen Bildern dargestellt wird.
Esel und Maultiere sind dagegen im Norden des Kaiserreichs sehr gewöhnlich; die Maultiere sind auch von ziemlich starker und guter Art und sollen besser zur Arbeit zu verwenden sein als die Pferde.
Das am meisten verbreitete Tier in China, was zum Lebensunterhalt der Menschen dient, ist das Schwein. Schweinefleisch scheint auch, wenn man alles mögliche Gewürm abrechnet, die einzige animalische Nahrung zu sein, die ein armer Chinese zu genießen bekommt, und selbst das wird noch manchmal als die billigere Kost, durch gesalzene Fische verdrängt, um diese mit Reis gemischt zu essen. Wilde Schweine finden sich nur an den westlichen und nördlichen Grenzen, denn wo das Land so kultiviert ist, wie im eigentlichen China, da können diese Saaten-Vertilger nicht geduldet werden.
Hirsche gibt es von verschiedener Art, besonders eine gefleckte, welche die Chinesen manchmal zähmen. Von einem dieser Hirsche, dem Moschus-Hirsch, erzählt man sich, daß er von Schlangen leben solle, was aber wohl kaum wahrscheinlich ist.
Der Dheren oder die chinesische Antilope ist ein flüchtiges, schönes Geschöpf und hält sich besonders an den Grenzen der mongolischen Tatarei auf; die Chinesen nennen sie Huang-yang, die gelbe Ziege.
Die chinesischen Schafe gehören der langgeschwänzten Art an, die in Afrika so häufig vorkommt.
Da die Chinesen selber nie Milch gebrauchen, findet man nur bei Kanton und Macao Kühe, und vielleicht die kleinste Art des ganzen Rindergeschlechts, manchmal kaum größer als ein Esel und zu gleicher Zeit von symmetrischer zierlicher Bauart, selbst ohne den Höcker, der dem indischen Rindvieh sonst eigen ist.
Der Büffel, den sie dazu verwenden, ihre Reisfelder zu pflügen, ist ebenfalls von kleiner Art mit einem Fell von dunkler Schieferfarbe und nur sehr spärlich mit Haaren bedeckt. Er hat übrigens all die sonstigen Gewohnheiten seiner Rasse und sucht sich im Sommer vor den Fliegen, die seine haarlose Haut quälen, dadurch zu schützen, daß er sich bis an die Nase in den Schlamm hineinwühlt und darin herumrollt, bis er mit einer förmlichen Kruste überzogen ist. Die Chinesen verwenden sie jedoch nur zum Ackerbau und benutzen nie ihr Fleisch; ein Brauch, der sich wahrscheinlich von den Religionslehren der Buddhisten herschreibt.
Damals, als Kublai über China herrschte, muß es Unmassen von geflügelten Bewohnern der Luft gegeben haben, denn bei seinen Falkenjagden soll die Zahl seiner Begleiter sich oft auf zwanzigtausend belaufen haben. Adler stießen dabei auf Wölfe, und Schwäne, Kraniche, Fasanen und Rebhühner gab es im Überfluß. China ist übrigens noch jetzt seiner Fasa-

nen wegen berühmt, von denen die Gold- und Silberfasanen wohl die herrlichsten ihrer Art sind. Der wunderlichste von diesen ist eine Art, dessen Schwanzfedern fast sieben Fuß lang werden; ebenso findet sich der Paradiesvogel und Pfau wild.
Die Mandarin-Ente ist gleichfalls ein eigentümliches Geschöpf, das sich auch mehr auf den Bäumen als auf dem Wasser aufhält; nachts wenigstens stets, wie das übrige Geflügel, aufbäumt.
Ein Vogel jedoch verdient hier besondere Erwähnung, den die Fischer sehr häufig zum Fischfang benutzen; es ist eine braune Pelikanart mit weißer Kehle, der Körper ein schmutziges Weiß mit Braun gesprenkelt, der Schwanz rund und der Schnabel gelb. Solange sie fischen, tragen sie einen kupfernen Ring um den Hals, damit sie das, was sie fangen, nicht verschlingen können und erst wenn der Fang vorbei ist, wird ihnen dieser Ring wieder abgenommen. Manche sollen jedoch auch so gut gezogen sein, daß sie des Ringes nicht einmal bedürfen.
Schildkröten und Schlangen gibt es in manchen Gegenden in Überfluß; die ersteren wachsen oft zu ungeheurer Größe an und werden von reichen Leuten nicht selten zum Vergnügen im Garten gehalten. Einige der Schlangenarten sind ungemein giftig, besonders die Pak-y-hak-Schlange; sie wird höchstens drei Fuß lang und kommt aus kleinen Flüssen herauf in die Häuser gekrochen. Wie die meisten Schlangen liebt sie sumpfige Stellen und flüchtet, wird sie verfolgt, augenblicklich ins Wasser. In den Reisfeldern existieren sehr viele und auch einige sehr giftige Gattungen von Schlangen.
Die Chinesen erzählen auch noch von fürchterlichen, zehn Schritt langen Schlangen mit Tigerklauen und entsetzlich weiten Rachen; das sind aber wahrscheinlich Krokodile oder Alligatoren, die sie damit meinen. Existieren müssen sie aber wohl, denn sie legen dort, wo sie ihre Spuren finden, lange Stücke Holz mit scharfen Stacheln bewehrt in ihren Pfad und behaupten, daß ihr eigenes Gewicht sie hineindrücke.

Siebenundzwanzigstes Kapitel

Neben den vielen andern wunderlichen Sitten, die sie haben, führen die Chinesen auch eine Art Zensurbuch über verdienstliche und tadelnswürdige Eigenschaften, so daß jeder, der da wissen will, wie er gehandelt hat, den eignen Wert seiner Handlungen erkennen kann.
Um dem Leser einen ungefähren Begriff hiervon zu geben, will ich hier einige Sätze davon anführen.

Verdienste	Verhältnis des Lobes	
Eine Frau vor Leidenschaftlichkeit bewahren	für einen Tag	1
Eine Frau am Zanken zu verhindern	für jedesmal	1
Sie zu lehren, reinlich in der Küche zu sein	für jeden Tag	1
Sie zu verhindern, ins Theater zu gehen	für jedesmal	5
Sie zu lehren, Sklavinnen freundlich zu behandeln	”	20
Sie zu lehren, sich mit ihren Verwandten zu vertragen	”	50
Sie zu lehren, tugendhaft und gütig zu sein	”	100

Fehler	Verhältnis des Tadels	
Einer zweiten Frau zu erlauben, die Kinder der ersten schlecht zu behandeln	für einen Tag	1
Einer Frau zu erlauben, müßig zu gehen	”	2
Einer Frau zu erlauben, daß sie zankt	”	5
Sie ins Theater gehen zu lassen	für jedesmal	10
Sie Sklavinnen schlecht behandeln zu lassen	”	30
Einer Frau zu erlauben, sich über ihren Mann zu stellen	”	100

Verdienste	Verhältnis des Lobes	
Jemand zu speisen, der sich nicht selbst ernähren kann	für jeden Tag	1
Eine leichte Krankheit zu heilen	für jedesmal	3
Einen Menschenknochen zu begraben	”	10
Eine schwere Krankheit zu heilen	”	30
Einen schlechten Menschen zu bessern	”	50
Ein Menschenleben zu retten	”	100

Fehler	Verhältnis des Tadels	
Wenn ein Reicher eines armen Mannes spottet	für jedesmal	1
Einem Unglücklichen nicht zu helfen	”	20
Einen öffentlichen Brunnen zu beschädigen	”	30
Ein Grab zu zerstören	”	100

Verdienste	Verhältnis des Lobes	
Ein Schwein, Schaf, eine Gans oder Ente vor dem Tode zu bewahren	für jedesmal	1
Dsgl. mit einem Hund, Esel, Ochs oder Pferd	”	20

Fehler	Verhältnis des Tadels	
Vögel in einen Käfig zu sperren	für jedesmal	1
Zehn Insekten umzubringen	”	1
Vogelnester zu zerstören	”	20
Heimlich einen Ochsen oder einen Hund zu schlachten	”	100

Obgleich die Chinesen ihre Köpfe scheren und lange Zöpfe tragen, wurde doch diese Sitte keineswegs bei ihren Voreltern beobachtet. Ihre tatarischen Sieger führten den Zopf bei Todesstrafe ein, und in der Tat zogen es manche der alten Söhne Han's vor, lieber zu sterben, als diese Neuerung, einen Zopf, zu tragen.

China ist oft durch fürchterliche Erdbeben heimgesucht worden. In der Honan-Provinz in Haeu-how erschütterte vor etwa zwanzig Jahren ein solches Erdbeben die Stadt, daß vierhundertunddreißig Personen, Männer und Frauen dabei zermalmt und fünfhundertneunzig verwundet wurden. Dieser Erdstoß beschädigte hundertneunundsechzig Städte und Dörfer und warf eine Unzahl von Häusern über den Haufen.

Ich weiß kaum, ob ich nicht schon erwähnt habe, daß das Wappen des chinesischen Kaisers ein Drache ist, und das Volk jenes Wesen, dessen Symbol dieser Drache sein soll, als den Ursprung alles Guten, wie auch den Erschaffer der Jahreszeiten, des Winds, Regens, Donners und Blitzes hält. Die Gestalt des Drachen erscheint deshalb auch an Bannern und Tüchern, auf Leinen, Kleidungsstücken und Gemälden. Eine wilde Legende verbindet sich auch mit der Gestalt dieses Drachen. Man sagt, daß Fo, der die vierundsechzig Symbole erfand, von einem Drachen angefallen worden wäre, der aus der Tiefe der See emporstieg und auf ihn einstürmte und alle diese Symbole auf seinem Rücken gezeichnet trug. Des Kaisers Drachen führen fünfklauige Tatzen, die anderer Leute nur vierklauige.

Beim Reisen gebrauchen die Chinesen Pferde, Tragsessel und Palankine; nur höchst selten Wagen. Die Reisenden dürfen dabei, größere Städte ausgenommen, keineswegs hoffen, Bequemlichkeiten zu finden. Die Wirtshäuser, wenn sie überhaupt solch einen Namen verdienen, sind größtenteils nur aus Erde gebaute Höhlen, nicht einmal mit einer Diele zum Fußboden, und will der Reisende Betten haben, so muß er sie sich mitbringen. Die Straßen sind dabei ebenfalls schlecht.

Chinesische Kuriere reiten zu Pferde, und wenn das, was sie zu besorgen haben, besondere Eile erfordert, so wird eine Feder an das ihnen anvertraute Paket befestigt. Ein solcher Expresser wird Fei-ma oder „fliegendes Pferd" genannt und legt den Tag über etwa 25 Meilen zurück, wobei ihn frische Pferde an den verschiedenen Stationen erwarten. Hohe Sattel werden dabei gebraucht. Bei gewöhnlichen Botschaften genügt auch ein gewöhnlicher Bote, schickt aber der Kaiser selber einen Brief, so muß ihn auch ein Mandarin überbringen, und auf dem Pferde sitzend hat er das Schreiben dann in einer Kapsel auf dem Rücken hängen.

Die Missionare haben bis jetzt wenig in China ausrichten können; wohl legten die Jesuiten einen guten Grund, da sie sich nicht zu sehr in die Sitten des fremden Volkes drängten. Selbst denen, welche sie bekehrt hatten, gestatteten sie noch höchst klugerweise unschuldige Gebräuche aus früherer Zeit, wie die Gräberfeste etc. beizubehalten. Unwissende Mönche aber, die in die schon geschossene Bresche drangen, eifersüchtig gegen ihre Vorgänger, machten ihnen eben das zum Vorwurf, was sie bis dahin für vorzüglich gehalten hatten und verlangten nun von denen, die sie bekehrten, auch unbedingte Anerkennung des Papstes. Dies natürlich lief den chinesischen Gesetzen und dem, was sie von ihrem Kaiser halten, gerade entgegen; die Folgen blieben denn auch nicht aus. Kaum erfuhr man, daß die Fremden beabsichtigten, eine andere Macht noch über ihren Kaiser zu stellen, als man alle christlichen Priester aus dem Lande trieb und von nun an auch selbst die Bekehrten auf das strengste verfolgte.

In neuerer Zeit hat sich jedoch Dr. Morrison, durch Yung Soam Tak, einen Eingeborenen von China, unterstützt, in England mit der chinesischen Sprache beschäftigt und ist später imstande gewesen, mit Hilfe des Dr. Milne eine Übersetzung der Bibel, eine chinesische Grammatik und ein chinesisches Wörterbuch zusammenzusetzen.

So schließe ich denn hiermit diese Skizzen mit der Hoffnung, daß sie dem Leser eine Stunde Zeit verkürzt haben. Neue Gärungen zwischen den Chinesen und Engländern, die in letzter Zeit stattgefunden haben, geben dabei fast die Gewißheit, daß die Zeit nicht mehr fern sein wird, wo die Engländer, die einmal Chinas Finger erfaßt haben, sich auch die Hand holen werden; und die unausbleibliche Folge wird dann sein, daß nicht allein China den alten Adam auszieht, sondern auch wir mit seinem inneren Leben und Treiben näher bekannt werden. Gewiß werden sich dann viele neue und interessante Sachen offenbaren, und ich bringe dann vielleicht einen ausführlichen Bericht über manches, was jetzt wegen Mangel an Quellen nur Skizze bleiben mußte.

Nachwort

„Deutschland hat seinen beliebtesten, productivsten Novellisten verloren, einen Weltfahrer, der vieler Herren Länder gesehen, der überall unter unseren Landsleuten in der Diaspora gekannt und genannt, geschätzt und geehrt war, wie er im Vaterlande zu den biedersten, anspruchslosesten, bescheidensten und rastlosesten Männern zählte: Friedrich Gerstäcker ist am 31. Mai in Braunschweig nach kurzem Unwohlsein verschieden — geschieden wie er zu scheiden pflegte, wenn er eine seiner großen Fahrten antrat", heißt es in dem Nachruf aus der Köln'schen Zeitung vom 1. Juni 1872.

Friedrich Wilhelm Gerstäcker, ein Erfolgsschriftsteller nicht nur seiner Zeit, sondern auch heute noch ein bekannter Jugendbuchautor — man denke hier nur an seinen Roman „Die Flußpiraten des Mississippi" —, erblickte am 10. Mai 1816 in Hamburg das Licht der Welt. Er wurde in ein Künstlermilieu hineingeboren; sein Vater war der bekannte Operntenor Carl Friedrich Gerstäcker, seine Mutter die Opernsängerin Louise Friederike Herz. Schon von frühester Kindheit an war Gerstäcker gezwungen, eine Art Abenteurerleben zu führen. Wegen der häufig wechselnden Engagements seiner Eltern lebte er nie lange an einem Ort. Er lernte in seiner Jugend Leipzig, Braunschweig und Kassel kennen und war nach dem Tod seines Vaters aufgrund der schlechten finanziellen Lage seiner Mutter gezwungen, bei seinem Oheim, dem Hofschauspieler E. Schütz, in Braunschweig zu leben.

Man mag hier Bernd Steinbrink[1] recht geben, der darauf hinweist, daß Gerstäcker in seiner Jugend nie eine Chance hatte, tiefere Beziehungen zu seiner Umwelt zu knüpfen. Als eine Art Kompensation „stürzte" er sich förmlich in die Literatur: Daniel Defoe, Cooper, Melville, Walter Scott und Sealsfield figurierten neben Charles Dickens und Bernardin de St. Pierre in seinem Lektürekanon. Die Flucht in die fiktive Welt machte ihm, auch später noch, die Realität erträglicher. Sein Traum war es, einmal ein unabhängiges Robinsondasein zu führen und sich nicht mehr durch andere bestimmen zu lassen, sondern sich selbst zu bestimmen.

Einen ersten Schritt in diese Richtung tat er, als er die nach der Mittelschule in Kassel begonnene Kaufmannslehre abschloß und sich zwischen 1835 und 1837 in Döben bei Grimma zum Landwirt ausbilden ließ. Die landwirtschaftliche Ausbildung war der erste Schritt zur Realisierung seines Amerikatraumes. Hier erwarb er sich, so glaubte er, das Know-how, um in Amerika überleben zu können. Aber auch während dieser Ausbildung, die doch seinen Interessen näher lag als jede bisherige Ausbildung, distanziert er sich von den Burschen des Dorfes und beweist sich als Einzelgänger und Träumer.

Mit 21 Jahren ging Gerstäcker zum ersten Mal nach Amerika. Das reale Amerika maß er immer wieder an dem Bild, das er aus der Literatur gewonnen hatte[2]. Oft stellte er dabei fest, daß das literarische Bild durch die Realität zerstört wurde.
Bezeichnend für Gerstäcker war, daß er seine Erfahrungen auch literarisch verarbeitete, indem er seine realistische Literatur über Amerika schuf. Damit stellte er sich deutlich gegen einen Großteil der „gehobenen" deutschen Literatur seiner Zeit, die ein eher idealistisches Amerikabild entwarf[3].
Sein erstes Werk, die „Streif- und Jagdzüge durch die Vereinigten Staaten von Amerika" erschien 1844. Der Titel dieses Buches deutet auch schon an, welche eminente Gewichtung für Gerstäcker auf der Person des Jägers liegt. Diese Figur symbolisiert für ihn Abenteuer, Freiheit und Naturverbundenheit, wobei Naturerfahrung für ihn, auch im Rousseauschen Verständnis, eine religiöse Erfahrung ist, die sich deutlich von der Institution Kirche abhebt: „ . . . der Storch stand langbeinig und ernst oben auf dem Kirchdach, . . . und schaute gar bedächtig in das Dorf hinunter, als ob er selber neugierig wäre zu sehen, wer heute bei dem herrlichen, köstlichen Wetter wohl in die kalte, feuchte, dumpfige Kirche käme, um zu seinem Gott zu beten, und es nicht vorzöge, draußen im Freien, in jeder Blüthenknospe, in jedem zwitschernden, jubelnden Sänger des Waldes und Feldes seinen Schöpfer und Erhalter, seinen liebenden, sorgenden, waltenden Vater zu verehren."[4] Die schlechten Erfahrungen, die Gerstäcker während seiner Reisen mit den Missionaren und deren Bekehrungseifer machte — was übrigens auch am Ende des China-Buches anklingt — ließen ihn ein eher distanziertes Verhältnis zu den religiösen Institutionen, vor allem zur katholischen Kirche, entwickeln.
In Amerika gelang es Gerstäcker nur äußerst schlecht, Fuß zu fassen. Er versuchte sich in mehreren Berufen; unter anderem legte er 1840 das Volksschullehrerexamen ab, übte diesen Beruf aber nie aus. Er war Kaufmann, Farmer und arbeitete auf einem Mississippi-Dampfer, übte alle diese Berufe aber nicht lange aus, sondern zog immer wieder in die Wildnis, um als Jäger zu leben. Dabei wurde er von schwerstem Heimweh geplagt. Die Zerrissenheit und Unruhe seiner Jugend trug er noch immer in sich, und sie sollte ihn auch bis zu seinem Tode nicht verlassen. Die Sehnsucht Gerstäckers, die immer zwischen Abenteurerleben und biederem Familienleben schwankt, findet ihre literarische Entsprechung wohl am ehesten in der Figur des John Wells, der Hauptfigur der gleichnamigen Erzählung. Dieser verläßt seine Familie, um auf Abenteuer auszugehen, und kehrt nach drei Jahren, mit zweieinhalbjähriger Verspätung, zurück als wäre nichts geschehen. Auch Gerstäckers Familie war öfters gezwungen, während seiner Reisen jahrelang auf ihn zu warten.

Am 22. Juli 1843 hatte Gerstäcker endlich genügend Geld gespart, um sich von New Orleans aus wieder auf die Heimreise nach Deutschland zu begeben.
In Deutschland angekommen, erfuhr Gerstäcker, daß seine Tagebücher, die er seiner Mutter geschickt hatte, in R. Hellers „Rosen" veröffentlicht worden waren. Somit war der erste Grundstein zu seiner schriftstellerischen Tätigkeit gelegt. War der Schriftstellerberuf auch eine durchaus unsichere Sache („Alles was ich habe, was ich verdiene, ist ungewiß und wenn ich keine Beschäftigung von den Buchhändlern erhalte, so habe ich gar Nichts — Dabei ist meine Zukunft auf keinerlei Art gesichert — im Gegenteil muß mir meine gesunde Vernunft sagen, daß ich, je älter ich werde, desto weniger und das wenige nicht mehr so gut schreiben kann.")[5], so ermöglichte er ihm doch Freiheiten wie kein anderer Beruf: „Die schriftstellerische Tätigkeit sagte mir allerdings in sofern zu, als ich dabei ein vollkommen unabhängiges Leben führen konnte."[6] In diese Zeit, die vierziger Jahre des letzten Jahrhunderts, fallen die Veröffentlichungen von Gerstäckers wohl bekanntesten Abenteuerromanen „Die Regulatoren in Arkansas" (1846) und „Die Flußpiraten des Mississippi" (1847). Obwohl diese Romane begeistert vom Lesepublikum aufgenommen wurden, reichten die aus ihrem Verkauf erzielten Einkünfte doch nicht aus, um Gerstäckers Unterhalt zu sichern, zumal er 1845 eine Familie gegründet hatte. Grund für die finanzielle Misere waren zum Teil auch die Schwierigkeiten, die er mit seinem Verleger Otto Wigand hatte.
Um Geld zu verdienen, fertigte Gerstäcker auch Übersetzungen aus dem Englischen an. Zu den Autoren gehörten Seba Smith, Farnham, Charles F. Hoffmann, G. Lippard, Bulwer-Lytton und Melville.
Um die gleiche Zeit, 1847, entstand der in der „Illustrirten Jugend-Zeitung" (Hrsg. von Otto Wigand) veröffentlichte Bericht: „China — das Land und seine Bewohner", der 1848 auch in Buchform erschien. In der Bibliographie seiner Werke schreibt Gerstäcker, daß er diesen Bericht nach mehreren Vorlagen bearbeitet hat; als „Übersetzung aus dem Englischen" wird der Text in der „Illustrirten Jugend-Zeitung" ausgegeben. Tatsächlich ist der deutsche Text mit Anglizismen gespickt, trotzdem gibt es aber viele Hinweise, daß der Bericht speziell auf ein deutsches Lesepublikum zugeschnitten ist.
Man denke hier nur an folgende Textstellen, die sich auf die Misere der deutschen Dorfschullehrer beziehen (ein Thema, das Gerstäcker auch in seinem Roman „Pfarre und Schule", 1849, bearbeitet):
„Seht, liebe Leser, solcher Art beurtheilt der Kaiser von China seine Leute; er gibt Befehle und hält es als Herr des himmlischen Reiches nicht für möglich, daß es irgendetwas auf der Welt geben könne, was imstande sei, die Erfüllung derselben zu verhindern. Habt ihr nun noch Lust nach all

dem Gehörten, eine Stelle bei Seiner himmlischen Majestät anzunehmen und General-Gouverneur oder Admiral zu werden, nun viel Glück; ich meinesteils zöge, wenn ich denn einmal eine Anstellung haben müßte, eine im deutschen Vaterlande vor; ja ein deutscher Dorfschulmeister, obgleich das, wie Gott und alle Welt weiß, das elendste und undankbarste Brot ist, hat noch Vorteile vor einem solchen chinesischen Würdenträger mit all seinen Zinnober-Edikten, fünfklauigen Drachen, roten Knöpfen, Zöpfen und Pfauenfedern."

Der gesamte Chinatext ist im Sinne eines ständigen Vergleichs zu Deutschland konzipiert, wobei durch das Aufzeigen der chinesischen Mißstände auch gleichzeitig die deutschen kritisiert werden. Man denke hier nur an den Opiummißbrauch, ein zentrales Thema dieses Berichts, der immer wieder im Vergleich zum heimatlichen Alkoholmißbrauch und zum Glücksspiel gesetzt wird; die zerrüttende Wirkung des Alkohols hatte Gerstäcker bei den Indianern Amerikas kennengelernt.

Überhaupt läßt dieser Bericht über China den Geist der 48er Revolution ahnen, an der Gerstäcker aktiv als Zugführer der Leipziger Scharfschützenkompagnie teilnahm. So sind seine Faszination von der Einigkeit des großen chinesischen Reiches, ebenso wie die Angriffe gegen die Aristokratie oder die Kritik an der Pressezensur zu verstehen.

Von den Ergebnissen der 48er Revolution enttäuscht und von innerer Unruhe getrieben, zieht es Gerstäcker jedoch wieder ins Ausland. 1849 bricht er, finanziert durch die Cotta'sche Buchhandlung und zum großen Teil durch das Deutsche Parlament in Frankfurt, zu einer Reise nach Südamerika auf. Er sollte sich vor allem um die Belange der deutschen Auswanderer in Südamerika kümmern und Informationen sammeln. Als Beispiel dafür möge die nachfolgende Beschreibung der deutschen Siedlung Valdivia gelten: „Die chilenische Regierung that keinen Fehlgriff, als sie sich gerade Deutsche dazu aussuchte, um den fruchtbaren und bisher fast unbenutzten Süden ihres schönen Reiches zu colonisieren, denn keine Nation als die deutsche gewinnt eine solche Anhänglichkeit für den Boden, den sie bebaut, keine ist so fleißig und unermüdlich in ihren Arbeiten und keine besonders liefert so gute, ruhige und mit Allem zufriedene Unterthanen . . . Überall, wo sie das Land in Angriff nahmen, wuchsen unter ihren Händen fruchtbare Äcker und freundliche Chargas (kleine Güter) empor; . . . Sümpfe wurden ausgetrocknet, Wege gebaut und ein Gewerbefleiß entstand, den die weit trägere spanische Race nie hervorgerufen hätte."[7]

In den folgenden Jahren verfaßte er eine Reihe von Schriften, die sich an auswanderungswillige Deutsche richteten.

Gerstäcker betrachtete Indianer, Schwarze und Südseeinsulaner wohl mit tolerantem Auge, schlug durchaus eine Bresche für fremde Kulturen, ordnete sie aber als der europäischen im allgemeinen und der deutschen Kultur im besonderen unter. Eine besondere Stellung nimmt auch hier der Chinabericht ein, denn es „trat, was China betraf, als Erschwerung der Umstand hinzu, daß man sich hier einer hochentwickelten und in mancher Hinsicht überlegenen Fremdkultur gegenübersah, die vom Bewußtsein ihrer Vorbildlichkeit überzeugt war und deren Ethnozentrismus dem europäischen keineswegs nachstand."[8] Diese Tatsache, die sich auch im Begriff „Reich der Mitte" niederschlägt, betont Gerstäcker immer wieder, indem er unterstreicht wie „überheblich" sich die Chinesen gegenüber den Engländern verhielten.

Gerstäckers zweite Reise führte ihn nicht nur nach Süd- und Nordamerika, sondern auch in die Südsee, nach Australien und Indonesien. Auch die Realität der Südsee war für Gerstäcker weit entfernt von dem idealisierten Bild, das er sich von ihr nach der Lektüre Melvilles gemacht hatte. Nach seiner Rückkehr nach Deutschland begann Gerstäckers produktivste Phase, in der er alle seine Reiseabenteuer literarisch verarbeitete. In dieser Zeit lernte er auch Herzog Ernst II von Sachsen-Coburg-Gotha kennen, mit dem ihn später ein freundschaftliches Verhältnis verband, das vor allem auf der gemeinsamen Jagdleidenschaft beruhte. Gerstäckers Familie lebte längere Zeit auf Schloß Rosenau bei Coburg, das dem Herzog gehörte. Gerstäcker mag hier wohl in mancher Hinsicht den Idealen der 48er Zeit untreu geworden sein. Seine Jagdabenteuer mit dem Herzog fanden ihren literarischen Niederschlag in der Erzählung „Eine Gemsjagd in Tirol"(1856).

1860 folgte seine dritte Reise, die ihn wiederum nach Südamerika führte, wo er die dort gegründeten deutschen Ansiedlungen besuchte. Auf der Rückfahrt von dieser Reise erhielt er die Nachricht vom Tod seiner Frau.

Nochmals unternahm Gerstäcker Reisen, und zwar eine mit Herzog Ernst nach Ägypten und Abessinien, und 1867 - 68, nachdem er sich mit einer Holländerin vermählt hat, die er bereits als junges Mädchen auf Java kennengelernt hatte, eine weitere über den Atlantik.

Als Gerstäcker im Mai 1872 starb, hinterließ er eine Fülle von Romanen, Erzählungen, Berichten und Aufsätzen. Er hatte sich mehr oder weniger in allen literarischen Gattungen versucht. So existieren auch Theaterstücke und Lyrik von ihm.

Das stoffliche Interesse ging bei seinen Romanen leider oft zu Lasten der sprachlichen Form. Die hohen Auflagezahlen seiner Werke beweisen jedoch, daß das Interesse des Lesepublikums dadurch keinesfalls gemindert wurde.

Als Ausnahme, vor allem in Hinblick auf den Inhalt, seien noch die „Heimlichen und unheimlichen Geschichten" (Arnold 1862) erwähnt, in denen er beweist, daß er sich nicht nur auf die Schilderung realer histori-

scher, ethnographischer und geographischer Gegebenheiten verstand, sondern auch phantastische Stoffe zu behandeln wußte.
Was Friedrich Gerstäcker jedoch bleibenden Nachruhm sichert, sind seine exotischen Abenteuerromane und Reiseberichte, zu denen — auch wenn er nicht Eigenerlebnis widerspiegelt — sein Chinabericht zu zählen ist.

Anmerkungen

1) Bernd Steinbrink: Abenteuerliteratur des 19. Jahrhunderts in Deutschland. Studien zu einer vernachlässigten Gattung. Diss Oldenburg 1982 p. 171 (ebenfalls Tübingen Max Niemeyer, 1983)

2) „Zwischendurch rastete er einmal längere Zeit bei einem deutschen Jäger und schrieb voller Stolz in sein Tagebuch: ‚Das Truthahnschießen findet hier noch ganz genauso statt, wie es Cooper so trefflich in seinem Ansiedler beschreibt.' " (Thomas Ostwald: Friedrich Gerstäcker. Leben und Werk, Braunschweig Verlag Graff 1977, p. 14)

3) Vgl. hierzu: Jürgen Ockel: Nach Amerika. Die Schilderung der Auswandererproblematik in den Werken Friedrich Gerstäckers, in: Beiträge zu Friedrich Gerstäcker-Forschung Heft 3, Braunschweig 1983, p. 5: „. . . so gab die ‚gehobene' Literatur des Zeitraums zwischen der Juli-Revolution von 1830 und der Revolution von 1848 überwiegend ein idealistisches und romantisiertes Bildnis Amerikas als Kontinent der Freiheit und unbegrenzten wirtschaftlichen Möglichkeiten.Indem dieses Ideal überbetont wurde, gab man seinem Unmut Ausdruck über die herrschenden politischen, kulturellen, religiösen und nicht zuletzt wirtschaftlichen Probleme im eigenen Land."

4) Fr. Gerstäcker: Pfarre und Schule, Leipzig Georg Wigand Verlag, 1849, 3 Bde., Bd. 1, p. 160

5) Fr. Gerstäcker: Brief vom 15.4.1847 an Hermann, in: ders.: Mein lieber Herzensfreund. Briefe an seinen Freund Adolph Hermann Schultz, 1835 - 1854, hrsg. von der Friedrich-Gerstäcker-Gesellschaft, Braunschweig 1982.

6) Fr. Gerstäcker: Selbstbiographie, „Gartenlaube", Ernst Keil, Leipzig, Jg. 1870, p. 244 f.

7) Fr. Gerstäcker: Unter den Pehuenchen. Chilenischer Roman. Verlag von Neufeld & Henius, 5. Auflage o.J., p. 118.

8) Urs Bitterli: Die ‚Wilden' und die ‚Zivilisierten'. Grundzüge einer Geistes- und Kulturgeschichte der europäisch-überseeischen Begegnung. München Beck, 1976, p. 59.

Elisabeth Christine Mülsch, M.A.